吉林省"十二五"优势特色重点学科——教育学
吉林省省属高校人文社会科学重点研究基地——边远山区基础教育研究中心
吉林省社会科学重点领域研究基地——吉林省教育信息化研究基地
吉林省教育厅"十三五"社科项目：边远山区农村中小学生学习力的特点及建构研究（JJKH20170441SK）

边远山区农村初中生学习心理状况调查与教育

张 爽 著

北京理工大学出版社
BEIJING INSTITUTE OF TECHNOLOGY PRESS

版权专有　侵权必究

图书在版编目（CIP）数据

边远山区农村初中生学习心理状况调查与教育 / 张爽著. —北京：北京理工大学出版社，2020.12
ISBN 978 - 7 - 5682 - 9226 - 9

Ⅰ. ①边… Ⅱ. ①张… Ⅲ. ①农村学校 - 初中生 - 学习心理学 - 调查研究　Ⅳ. ①G442

中国版本图书馆 CIP 数据核字（2020）第 257331 号

出版发行 ／ 北京理工大学出版社有限责任公司
社　　址 ／ 北京市海淀区中关村南大街 5 号
邮　　编 ／ 100081
电　　话 ／ （010）68914775（总编室）
　　　　　　（010）82562903（教材售后服务热线）
　　　　　　（010）68948351（其他图书服务热线）
网　　址 ／ http：//www.bitpress.com.cn
经　　销 ／ 全国各地新华书店
印　　刷 ／ 北京虎彩文化传播有限公司
开　　本 ／ 710 毫米 × 1000 毫米　1/16
印　　张 ／ 10.25　　　　　　　　　　　　　　　责任编辑 ／ 张海丽
字　　数 ／ 158 千字　　　　　　　　　　　　　　文案编辑 ／ 张海丽
版　　次 ／ 2020 年 12 月第 1 版　2020 年 12 月第 1 次印刷　责任校对 ／ 周瑞红
定　　价 ／ 46.00 元　　　　　　　　　　　　　　责任印制 ／ 李志强

图书出现印装质量问题，请拨打售后服务热线，本社负责调换

前　言

　　教育过程是"创造"人的过程，也是人的价值的积淀过程。教育过程的实现必须以尊重人的本质，遵循人的身心发展特点和规律为前提。依据学生的身心发展规律，让学生愉快学习，主动探求，满足求知欲望，激发其进一步学习的兴趣，是当今教育心理学研究的重要课题。不断深化学习心理问题的研究和探索，建立一门学习科学，关系到人才成长、科技进步和社会发展等重大问题。学习心理研究成果必将对提升学习质量，深化教育教学改革，推进教育事业发展，促进社会和谐进步都具有重要意义。农村学生在国家市场经济发展、高等教育改革和基础教育由应试教育向素质教育转轨等方面的影响下，对现实学习的态度和对未来教育的期望有哪些特点？通过调查研究，对农村初中生的学习心理有了初步的了解，为了准确地把握当前农村初中学生的学习心理动向，深化教学改革，加强教育教学的针对性，提高教育教学的实效性，探索实施素质教育的新路子，提供了客观依据。

　　本书的研究内容共包括五章内容。

　　第一章：绪论。这一部分内容主要介绍了本书的研究背景，学习心理研究的相关理论基础，以往关于农村学生心理状况总体情况的调查研究，研究的目的、意义，研究内容以及框架。

　　第二章：边远山区农村初中生学习动机状况调查及培养、激发。这一部分内容主要介绍了学生学习动机的基本内涵、相关理论、作用，并通过对边远山区农村初中生学习动机状况的调查和分析，提出相应的学习动机培养和激发的措施。

　　第三章：边远山区农村初中生学业情绪状况调查及调节。这一部分内容主要介绍了学业情绪的基本内涵、相关理论、影响因素及研究意义，并通过对边远山区农村初中生学业情绪状况的调查和分析，提出相应的学业情绪调节策略。

第四章：边远山区农村初中生学习策略状况调查及训练。这一部分内容主要介绍了学习策略的基本内涵、分类、使用的影响因素及作用，并通过对边远山区农村初中生学习策略状况的调查和分析，提出相应的学习策略训练方法。

第五章：边远山区农村初中生考试焦虑状况调查及应对策略。这一部分内容主要介绍了考试焦虑的基本内涵、相关理论、诊断及测量，并通过对边远山区农村初中生考试焦虑状况的调查和分析，提出相应的应对策略及心理干预方法。

本书的出版得到了通化师范学院李春琴院长、于桂霞教授的大力支持。在此，对给予大力支持和帮助的领导和专家表示衷心的感谢！

在本书的撰写过程中，借鉴、参考和引用了国内外大量研究成果，在此对这些成果的著作权人和作者表示真挚的感谢和敬意。由于学识有限，书中若有疏漏之处，敬请专家和广大读者批评、指正。

编著者

2020 年 10 月

目 录

第一章 绪论 ··· 1

第一节 研究背景 ··· 1
一、为什么要了解边远山区农村学生的学习心理状况 ············· 2
二、初中生学习阶段的重要意义 ······································· 4

第二节 学习心理研究的理论基础 ·································· 5
一、学习心理的脑科学基础 ··· 5
二、学习的非认知因素理论 ··· 8
三、生态系统理论 ··· 12
四、自我调节学习 ··· 13

第三节 以往关于农村学生心理状况总体情况的调查研究 ······ 17

第二章 边远山区农村初中生学习动机状况调查及培养、激发 ······ 21

第一节 学习动机概述 ··· 21
一、学习动机的含义 ·· 21
二、学习动机的分类 ·· 22
三、学习动机理论 ··· 23
四、学习动机的作用 ·· 27

第二节 边远山区农村初中生学习动机状况的调查与分析 ······ 28
一、研究方法 ··· 28
二、研究结果 ··· 30
三、讨论 ·· 38

第三节　边远山区农村初中生学习动机的培养与激发 …………… 47
　　一、学习动机的培养 ……………………………………………… 47
　　二、学习动机的激发 ……………………………………………… 49

第三章　边远山区农村初中生学业情绪状况调查及调节 ……………… 53

第一节　学业情绪 ………………………………………………………… 53
　　一、学业情绪的含义 ……………………………………………… 54
　　二、学业情绪的分类 ……………………………………………… 55
　　三、学业情绪的理论 ……………………………………………… 57
　　四、学业情绪的影响因素 ………………………………………… 60
　　五、学业情绪研究意义 …………………………………………… 65
第二节　边远山区农村初中生学业情绪状况的调查与分析 …………… 68
　　一、研究方法 ……………………………………………………… 68
　　二、研究结果 ……………………………………………………… 69
　　三、讨论 …………………………………………………………… 74
第三节　边远山区农村初中生学业情绪调节 …………………………… 78
　　一、学校环境调节 ………………………………………………… 78
　　二、家庭环境调节 ………………………………………………… 82
　　三、教育调节 ……………………………………………………… 83
　　四、学生个人调节 ………………………………………………… 84

第四章　边远山区农村初中生学习策略状况调查及训练 ……………… 87

第一节　学习策略概述 …………………………………………………… 87
　　一、学习策略的含义 ……………………………………………… 88
　　二、学习策略的分类 ……………………………………………… 91
　　三、学习策略使用的影响因素 …………………………………… 94
　　四、学习策略的作用 ……………………………………………… 97
第二节　边远山区农村初中生使用学习策略状况的调查与分析 ……… 99
　　一、研究方法 ……………………………………………………… 99
　　二、研究结果 ……………………………………………………… 100

三、讨论 …………………………………………………… 103
　第三节　学习策略的培养 ……………………………………… 106
　　一、建立科学正确的学习策略观念 …………………………… 106
　　二、通过教学训练学习策略的使用 …………………………… 107
　　三、学习策略的训练 …………………………………………… 108
　　四、提供灵活使用学习策略的机会和条件 …………………… 113
　　五、提高学习的元认知水平 …………………………………… 114

第五章　边远山区农村初中生考试焦虑状况调查及应对策略 …… 116
　第一节　考试焦虑概述 ………………………………………… 116
　　一、考试焦虑的含义 …………………………………………… 116
　　二、考试焦虑的组成成分 ……………………………………… 118
　　三、考试焦虑的理论 …………………………………………… 120
　　四、考试焦虑测量 ……………………………………………… 122
　　五、考试焦虑的影响因素 ……………………………………… 124
　第二节　边远山区农村初中生考试焦虑状况的调查与分析 …… 129
　　一、研究方法 …………………………………………………… 129
　　二、研究结果 …………………………………………………… 130
　　三、考试焦虑的特点分析 ……………………………………… 132
　第三节　边远山区农村初中生考试焦虑的应对策略及心理干预 … 134
　　一、边远山区农村初中生考试焦虑的应对策略 ……………… 135
　　二、考试焦虑的心理干预 ……………………………………… 138

参考文献 ……………………………………………………………… 143

第一章 绪 论

第一节 研究背景

随着科技的飞速发展，社会对人的素质要求也越来越高，"学习化社会""终身学习"的观念日益深入人心。《学会生存》一书中提道："我们可以预见多种多样的未来，我们必须选择和需要某种未来。这种未来及其选择，对于教育而言，最简明的图式就是学习化社会，其主旨就是增强社会的学习成分和教育性质。"在信息技术迅猛发展的今天，特别是网络化快速推进的过程中，新的学习形式以及学习理念向传统学习提出了强有力的挑战，有效学习的问题凸显为心理学中的热点问题。正如国家自然科学基金委员会心理学发展规划调研组在《心理学学科发展和优先领域调研报告》中指出的："学习心理的过程非常复杂，涉及多个环节和内外诸多因素。不同的教育心理学家曾经提出多种多样的关于学习心理的理论，但没有一个能为多数心理学家所接受。随着认知心理学的发展，曾有研究者就学习过程提出了从动机、储存到迁移的信息加工过程。近年来，社会建构主义认为知识的获得是以社会文化为中介的内部建构过程。学习心理过程至今仍是研究重点。"随着我国社会的发展，需要越来越多的学生具备主动学习、自觉学习和创造性学习的能力，这也对中小学生提出了更高的要求。如何促使学习者有效的学习，是时代赋予心理学工作者的任务。

一、为什么要了解边远山区农村学生的学习心理状况

2011年8月,一名教师在网上发帖称:"现在成绩好的孩子越来越偏向富裕家庭"。此文一经发布,在网上引起热议。他的观点获得了众多网友的支持。武汉市25中语文老师(武汉市学科带头人)林晓红和同事在暑假对学生进行家访时发现,在家庭清贫的学生家里,除了课本外,几乎没有什么课外书籍,孩子阅读面比较窄。他们的父母通常因忙于生计,对孩子的养育仅限于吃饱穿暖,对孩子的学习方面,鲜有问津。而当今社会对人才的要求越来越高,不仅仅只看考试成绩,而且综合素质越发重要。武汉大学政治与公共管理学院政治学与国际关系学系尚重生副教授称,"寒门再难出贵子"的现象是客观存在的。首先,高考的部分题目对于农村孩子不利,如考试中出现的一些网络语言,农村的孩子可能没有接触过;其次,"寒门学子"大多信息面狭隘;再次,"寒门学子"社会关系匮乏,不利于其自身的发展。尚重生指出,寒门孩子成功要付出更多的努力,应该更懂事,不能自暴自弃[1]。

教育作为提升全民素质最有效的工具,有助于推动社会进步,促进国民经济发展,在全球化快速发展的今天,更是各个国家参与国际竞争的重要助力。《中国教育现代化2035》提出,我国教育要基本实现教育现代化。实现教育现代化的难点和重点主要在农村。在党的十九大报告中,习近平总书记指出,必须把教育事业放在优先位置,并强调要推进教育公平,推动城乡义务教育一体化发展,高度重视农村义务教育。扶贫先扶智,治穷先治愚,优化城乡教育资源配置,充分发展教育事业,努力让每个孩子都能享有公平而有质量的教育是农村发展的长远举措。

2005年,中国共产党十六届五中全会通过的《十一五规划纲要建议》明确提出,要扎实推进"社会主义新农村建设"以来,历经十余年,农村在经济建设、政治建设、文化建设、社会建设以及法治建设等方面都取得了长足的进步,尤其是在农村教育发展方面,国家先后制定了《关于进一步加强农村教育工作的

---

[1] 张瑜琨,郭婷婷,瞿慧一,等. 教师发帖称寒门难再出贵子,教育资源分布不均衡. 中国经济网[Z/OL]. https://baike.baidu.com/reference/22847849/8164Wxej8lvZo_qPsn1jXcX7fYGOoisk31kKYWRWDHqdkEqAK7gUT8MK9VcwzDZZOAfA8PPEeMNnJ29k59YnsBIif5d8AnK6s1N1rIATXZW-Pac-0rTCcqpxqFCH9w. 2011-08-08.

决定》《关于进一步推进义务教育均衡发展的若干意见》《关于落实科学发展观，进一步推进义务教育均衡发展的意见》《关于规范农村义务教育学校布局调整的意见》《关于统筹推进县域内城乡义务教育一体化改革发展的若干意见》等文件与政策。中央关于优先发展农村教育的政策、标准和引导性投入取得成效，各地逐步建立起城乡统一、重在农村的义务教育经费保障机制；全国共有2 717个县通过义务教育基本均衡发展国家评估认定，中小学（除教学点外）网络接入率达97.6%。新建、改扩建大批农村中小学和幼儿园，使更多农村学子享有合格的教室、食堂等教学生活条件；实施农村教师支持计划，扩大特岗教师规模并提高补助标准，覆盖中西部省份1 000多个县、3万多所农村学校；实施面向贫困地区、农村地区的高考专项招生计划，农村留守儿童普遍得到重视，义务教育控辍保学体系更加健全，使农村学子享受更加公平的发展机会[1]。然而，城乡一体化本身就是一个极为复杂的过程，国家需要很长一段时间、付出极大的努力来消除城乡教育差距，而边远山区农村实现城乡一体化更是一个长期的任务。

边远山区是指地貌以山地、丘陵分布为主要特点的，远离地域中心城市的地区。其主要特点为自然环境较为恶劣，交通相对不便利。由于地缘特点和条件的限制，边远山区农村通常经济发展类型较为单一，人均收入水平相对较低，当地居民的思想观念相对落后，文化水平不高、文化生活相对匮乏。同时，由于社会经济转型发展的影响，偏远山区的农村家庭迫于生计，大部分父母外出打工，农村适龄劳动人口外流趋势增强，留守儿童、流动儿童的数量增加，致使很多地区的农村都呈现出明显的"空心化"特点。此外，由于地区经济发展不平衡，经济条件较好的地区不仅能够提供更为优厚的工资待遇条件以吸引人才还可以提供更为完善的基础设施及生活配套，形成良性的人才留存氛围和流动机制。因此，大量的优秀教师资源涌向发达地区，一线城市中的私立中学尤甚，而偏远地区中小学教师年龄偏大、学力偏低问题日益加剧。农村学校教育也往往面临师资力量比较薄弱、教育资源比较匮乏、教育观念较为落后、教育质量相对不高等实然困境[2]。虽然，国家在农村教育的方方面面给予支持，农村学校的硬件设施、教学

---

[1] 全国政协农业和农村委员会专题调研组. 推进城乡教育公平，奠定乡村振兴基础——关于农村教育事业要优先发展的调研报告［N］. 农民日报, 2020-03-07.

[2] 李飞. 边远山区农村初中生心理健康问题：现状调查与应对机制研究［D］. 长春：吉林大学, 2017.

仪器设备、教育信息化水平等整体都有较大提升，然而偏远山区受地域特点的限制，条件更加复杂，无论在文化建设还是家庭教育、社会氛围，各方面存在的问题都更具特殊性，学生个人的学习状态以及教育价值观等因素的不同都会影响到学生的学习效果。

二、初中生学习阶段的重要意义

埃里克森理论认为，中学生正处于青春期，需要解决自我统一性和角色混乱的冲突。进入青春期后，由于身体的迅速发育，使中学生的思想从客观世界指向主观世界，使他们的思想意识再一次进入自我，内心世界越来越丰富，常常内省，一系列关于"我"的问题反复萦绕于他们心中。朱熹曾说过：不勤于始，将毁与中。换句话就是：勤于始、精于始，才能成于始。初中阶段在孩子求学的生涯是一个承上启下的重要阶段，是个体成长与发展的关键时期，这一阶段正处在人生中绚丽多彩、充满幻想的美好花季，是儿童向青年过渡的时期，也是孩子们形成人生观、价值观的重要时期。中学阶段的学生在自我观察、自我评价、自我体验、自我监督、自我控制等方面都获得高度发展，并趋于成熟。但由于初中阶段他们具有半幼稚半成熟、半儿童半成人的特点，也容易产生两极分化，成为各种问题层出不穷的起始和首要阶段，人的未来发展往往是由这一阶段奠基。初中阶段学习活动相对小学阶段学科分类更加细化，学习内容显著增多，掌握知识、学会学习是他们的主旋律，是夯实各项基础知识的关键时期，是奠定一个人一生的基础。

根据皮亚杰关于个体智力发展年龄阶段的划分，青春期阶段学生正是"形式运算"阶段，这一时期的主要特征是抽象思维的发展和完善。他们的观察能力、记忆能力、想象能力、推理能力等发展较快。青少年的思维不再局限于具体事物，他们开始运用抽象的概念、运用假设、逻辑推理解决各种问题。初中三年不仅仅是学习成绩的体现，更是学习习惯和方法的改变，各门功课的学习都具有承上启下的衔接作用。一些学生因为学习能力不足，难以承受课业压力，跟不上学习的进度，失去对学习的兴趣，因学习成绩没有进步，进而出现厌学情绪，如果哪一学科被落下，学习就很难继续下去。如何在初中阶段这三年帮助孩子养成良好的学习习惯、运用学习策略等，几乎决定了孩子今后的发展。

中学生情感内容日益丰富，情绪表达方式多样化，管理情绪能力较弱，喜怒形于色，伤感易激发，容易受外环境影响。学生的积极情绪能使学习记忆效果增强，精力更集中，思维更敏捷。而消极的如烦躁、痛苦、不安等情绪，对学习产生的便是消极的影响。

中学生的学习成绩是衡量学习的主要标准，它聚焦着家长的期待、教师的汗水、自己的前途命运等。学生的喜怒哀乐随着分数的高低起起落落。"少年强则中国强"，农村青少年的教育不仅关系到个人的成长和发展，也是我国农村发展的重要助推力，是农村长久实现社会和谐稳定的重要保障。因此，调查了解边远山区农村初中生学习心理的状况，探讨其学习心理的影响因素，提出合理的提升农村初中生学习状态的措施具有重要的现实意义。

第二节 学习心理研究的理论基础

一、学习心理的脑科学基础

大脑作为人类思考的最基本的生理器官，在学习中发挥着重要的作用。在脑科学领域，学习是大脑进行信息加工的过程，是大脑对刺激产生的反应，它包括大脑对信息的感知、处理和整合，大脑是整个学习机制的中心。学习过程中的全部变化都是通过大脑调节的，学习机制能够进行整体运作离不开大脑这一核心要素。因此，要想把握好脑科学视域下的学习机制，一定要紧紧围绕大脑这一核心要素，厘清学习机制的发生基础，从而真正明白学习过程是如何在大脑调控下展开的。

（一）大脑是具有社会性的生命系统

西蒙（1983）认为学习是"系统为了适应环境而产生的某种长远变化，这种变化使得系统能够更有成效地在下一次完成同一个或同类的工作"。从神经科学的角度来看，学习和记忆是人类和其他高等动物特有的高级神经活动或大脑的高级功能。并且身体、智力和大脑是一个动态的整体，大脑不间断地、同步地行使着许多功能，思想、情感、想象和体质是同时运作的。它们与保持健康、扩充一般的社会文化知识等其他的脑过程发生互相作用，整个生命、大脑、心智的改变及反应受到其他人的约束。关于学习的研究要考虑大脑的这一特点，考虑到大脑和环境之间的关系，大脑的生理变化是经验的结果，考虑到多姿多彩的环境刺激对大脑的发展的至关重要性。人的大脑逐渐成熟是基因（遗传）和环境交互作用的结果，服从"用尽废退"的原则，因此对大脑的足够的刺激是关键因素。

（二）人是"意义的建构者"

大脑的学习首先是寻找和创建意义的过程，对信息的感知是否有意义决定了大脑能不能实现真正的学习。人脑对于意义的搜寻是与生俱来的，不会终止。建构主义认为，知识并不是完全通过教师传授得到的，而是学习者在一定的情境，即社会文化背景下，借助其他人（包括教师和学习伙伴）的帮助，利用必要的学习资料、生成意义、建构理解的过程。大脑主动去搜集并分析有关的信息和资料，对所学习的问题要提出各种假设并努力加以验证，把当前学习内容所反映的事物尽量和自己已经知道的事物相联系，并对这种联系加以认真的思考。教师要成为学生建构意义的帮助者，就要求教师在教学过程中激发学生的学习兴趣，帮助学生形成学习动机，通过创设符合教学内容要求的情境和提示新旧知识之间联系的线索，帮助学生建构当前所学知识的意义，在可能的条件下组织协作学习（开展讨论与交流），并对协作学习过程进行引导使之向有利于意义建构的方向发展。引导的方法包括：提出适当的问题以引起学生的思考和讨论；在讨论中设法把问题一步步引向深入以加深学生对所学内容的理解；要启发和诱导学生自己去发现规律、自己去纠正和补充错误的或片面的认识。

（三）情感是大脑的润滑剂

大脑分为理智脑和情绪脑，情绪脑包括大脑的边缘系统，如海马体、杏仁核、脑垂体和下丘体等。情绪脑是孕育情绪、注意力及情感（情绪主导）记忆的主要温床，负责掌控人的情绪、记忆等。它帮助人类判断事物的基本价值（如你对某物是持肯定还是否定态度）和特别之处（如什么吸引了你的注意力），还有助于人类感知不确定性因素、进行创造性活动。麦克里恩认为情感系统一向爱恨分明，一件事物要么"宜人"要么"不宜"，没有中间状态。在恶劣的环境中正是依赖这种简单的"趋利避害"原则，生存才得到保证。情感和认知是不可分割的，带着积极的情绪，学习的知识被学习者内化为理性信息，学习情境刺激进入学习者头脑转化为感知信息；在学习过程中，理性信息和感知信息、情绪感受建立了连接。我们所学到的东西是受情感和思想模式影响的，包括期望值、个人偏见和成见、自尊以及社会活动的需要。大脑首先加工影响生存的信息；其次加工产生情绪的信息；最后加工新的学习信息。情绪脑与理智脑二者联合操控着大脑功能的发挥，任何一方都无法独立垄断大脑的运行。

（四） 大脑具有可塑性

大脑有着复杂的结构，是一个动态发展的过程，有着无限制的潜能，其皮层功能的获得是一个持续的过程，具有高度的可塑性。大脑可塑性分为结构可塑和功能可塑。大脑的结构可塑是指大脑内部的突触、神经元之间的连接可以由于学习和经验的影响建立新的连接，从而影响个体的行为。它包括突触可塑和神经元可塑。功能的可塑性可以理解为通过学习和训练，大脑某一代表区的功能可以由邻近的脑区代替，也表现为脑损伤患者在经过学习、训练后脑功能在一定程度上的恢复。所有学习是建立和扩展先备知识的基础上，随着经验而发生的变化。因此，可塑性是教育的关键。在课堂中，学生的神经可塑性受教师的教育教学行为的影响，课堂教学则会诱发脑的可塑性。为了获得知识，大脑必须对信息进行编码。由于可塑性是学习的基础，因而学习是终生都可以做的。

（五） 脑是威胁的识别器

当大脑获得适宜的挑战时，它能以最优的方式学习，但是当觉察到威胁时，大脑则会变得功能低下。复杂学习被挑战所促进，被威胁所抑制。使用现象学语言可以这样表达，当我们在受到威胁时会通过变得不太灵活，通过回复到自动的、经常是比较简单的日常行为，来缩小感知领域。作为边缘系统一部分的海马体具有极端的敏感性，当感知到威胁的情境时，我们会失去通往大脑的一部分的路径；当大脑处于安全放松的状态时，能促进灵感，加快资料收集，增强记忆。在安全放松状态下，人们可以进入潜意识，非凡的记忆力、高度专注和不同寻常的创造力都可以取得。因此，我们应该在一种放松的、低威胁的和高挑战的氛围中学习。

（六） 每个人的大脑都是独一无二地

虽然，我们都拥有同样一套系统，大部分人的大脑结构都大致相同，它包括感官和基本的情感。但是，大脑不同部位的大小、沟回数量深度、脑区活跃程度等的不同，它们以不同的方式整合成为每一个大脑，不同类型的大脑驱使人们具有不同的行事风格、想法及行为表现乃至形成不同的性格特点。此外，学习改变着大脑的结构，我们学得越多，我们变得越独特。了解大脑是怎样学习的，对于教学设计、行政管理、评价学校在社区中的作用、教师教育以及其他许多对于教育改革十分关键的问题有很多启示。更重要的是，在现今的学习型社会中，可以对我们应该如何高效率学习提供了指导作用。

二、学习的非认知因素理论

早在 1935 年，美国心理学家 W. P. Alexander 发表的《具体智力和抽象智力》一文，就提出了非智力因素（nonintellectual factors）的概念，但是在当时并未引起人们应有的注意。嗣后，美国心理学家韦克斯勒在 Alexander 的启发下，于 1943 年提出了"智力中的非智力因素"的问题。上海师范大学燕国材（1983）教授的《应重视非智力因素的培养》一文发表后，引起了我国教育学和心理学界的重视。影响学习的因素包括个人因素、环境因素和教育因素，个人因素包括智力因素和非智力因素。一般认为智力因素包括注意力、观察力、记忆力、思维力、想象力和创造力六个方面；非智力因素包括需要、兴趣、动机、情感、意志、性格等方面。非认知因素是指人在智慧活动中，除认知因素之外不直接参与但影响认知过程的一切心理因素。非认知因素对学生学习的影响，虽不像认知结构、认知发展准备性及智能等认知因素直接，但是仍是影响学生学习的重要因素。如果把认知因素与非认知因素看成两个协同作用的系统，那么非认知因素就是其中的控制系统。这个控制系统以动机为核心，调节和控制着整个学习活动的进行过程，并且对学习的好坏有着重大的影响作用。美国心理学家大卫·韦克斯勒就曾表示"在所有认知水平上都有非认知因素的作用。非认知因素不能代替其他的基本能力，但是非认知因素是认知行为中不可缺少的部分"。

我国心理学家通过对少年大学生和超常儿童的学习进行研究发现，这些少年大学生和超常儿童不仅仅是智力的发展水平高于一般人，而且他们大都具有较好的非智力因素，表现出强烈的求知欲望，较强的意志品质。

燕国材教授从众多的非智力因素中选择出动机、情绪和情感、意志和性格四个基本心理因素，构成狭义的非智力因素。

（一）动机

动机就是活动的机制，是指向一定目标、维持并调节行为的活动倾向。人的任何活动总是从一定的动机出发，并指向一定的目的。前者回答"为什么"，后者则回答"为了什么"。人正是在动机与目的的激励下，才会在从动机走向目的的过程中始终保持参与活动（如学习活动）的主动性与积极性。

学习动机就是激励学生进行学习活动的心理因素，它是激活和唤起学习的行为，直接推动学生进行学习的一种内部动力。学习动机强弱的标志主要是活动水平和指向性。学生的学习动机，是由社会和教育所提示的要求转化为学生的需要时产生的。这种转化的过程，就是通过一定的舆论和教育手段，使外界的正确要求转化为学生的内部需要，形成学生自觉的求知欲和求成就感，产生对学习内容的间接兴趣或直接兴趣。即将他的好奇心以及在社会生活中所获得的求胜心、个人兴趣等发动起来，形成学习积极性。这种积极性是和学习动机直接联系着的，人们正是在兴趣与爱好的推动下才会津津有味、不知疲倦地投身于某种活动，这是学习动机的外部表现。对学生的学习动机进行正确的鉴定与分类，是有效培养与激发学生的学习动机，提高他们学习积极性的基础。但是，学生的学习动机和表现形式是复杂多样的。而且，在同一个学生身上，往往又存在着多种动机。因此，了解学生的学习动机就不能只根据谈话或一些书面材料确定，需要采取多种形式和途径，特别要根据学生的学习态度，对学习任务的认识，以及学习积极性，克服困难的情况等进行判断。

（二）情绪和情感

学习情绪是一种比较低极、简单的心理现象，但是情绪状态的好坏却是学习的重要心理条件。学习热情决定着学习态度与学习效果，与之相对的是学习惰性，即疲疲沓沓、冷漠无情、缺乏进取的"混日子"心理。

情绪和情感与认识有什么样的关系？

1. 认识过程是情绪和情感产生的基础

情绪和情感是在认识过程中产生的，它们随着认识的深入而发展、变化而变化。人们只有认识到客观事物与个人需要的关系，才能产生相应的情绪和情感。认识过程中从最简单的感觉到最复杂的思维，都伴随着情绪和情感。总之。离开了大脑对客观事物的认识和加工，就没有情绪和情感。例如，聋哑人不知道嘈杂声音之可厌，盲人不知道秀丽颜色之可喜。学生在课堂上因听到教师生动有趣的讲解而兴奋激动，这是感知中所表现的情感；记住了教师所传授的内容，顺利、正确地完成作业，轻松愉悦的心情油然而生，这是记忆中所表现的情感；对某些疑难问题百思不得其解，通过教师点拨启发，豁然开朗，这是思考中表现的情感。问题解决得越深入，规律揭露得越透彻，情绪和情感就越强烈。同时，认识还能起到整理、组织情绪和情感的作用，从而使人的情绪和情感具有明确的内容和方向，具备原则性和灵活性。

2. 情绪和情感反作用于认识过程

情绪和情感产生于认识过程，但是对人的认识过程又具有反作用。一般来说，积极的情绪和情感会推动认识活动。消极的情绪和情感则会阻碍认识活动。情绪和情感作为一种非智力因素，还影响到个体智力水平的发挥和智力活动的深入进行。当学生对认识活动感兴趣，有热情时，其智力水平就会得到充分的发挥，表现为感知敏锐、记忆清晰、注意范围扩大、思维灵活性提高、想象力丰富等，从而促使认识活动的效率大幅度提高；反之，当学生对认识活动不感兴趣，丧失热情时，就会降低智力活动的水平，表现为感知迟钝、记忆减退、注意范围缩小、思维混乱、效率降低。因此，教师在教育教学活动中一定要高度重视情感因素，注意培养学生的学习兴趣，激发他们的学习热情。

（三）意志

1. 意志的内涵

意志是自觉地确定目的、根据目的支配调节行动从而实现预定目的的心理过程，也是主观见之于客观、思想见之于行动，对客观现实进行有目的、有计划的改造的过程。意志与行动有着紧密的联系，意志表现为意识对行动的调节，是支配、调节行为的内部精神因素；行动则是意志的外在表现。

2. 意志的品质与学习

1）意志的自觉性与学习

人们对自己行动的目的有明确的认识，使自己的行动服从这一个目的，称为意志的自觉性。对于学生而言，认识到学习的价值，从而产生学习的社会责任感是学习自觉性高度发展的标志。学生一旦有了高度的学习自觉性，就会勤学苦练，废寝忘食，迸发出高度的学习热情。这时的学习成了一种享受，而不会感到是一种负担或苦差事。一个意志自觉性缺乏的学生，由于对自己学习的目的不甚明确，因此学习总处于被动状态，这样的学生很难取得优异的成绩。

2）意志的坚持性与学习

人们在行动中能够持之以恒，坚持到底，称为意志的坚持性。一个具有坚持性的人，他决不会因有所成功而骄傲；也决不会因有所失败而气馁。他不会被形形色色的诱惑所干扰，也不会被各种各样的困难所吓倒。

3）意志的自制性与学习

人们在行动中善于控制自己的情绪，约束自己的言行，称为意志的自制性。人的时间和精力总是有限的，如果不把精力集中在学习上，任欲望的"野马"奔驰，终将一事无成。为了使我们的学习更有成效，就必须学会用理智的力量驾驭情感的"野马"，用远大的目标抑制过度的欲望，用自制的方法收拢涣散的注意，使自己成为注意的主人。

（四）性格

人们认识与意向活动的种种心理特点，都可以凝聚为性格。与学习关系较为密切的性格是自尊，自尊是个人对自己所作的各方面的评价和通常所持有的一种对自己的看法，是自我结构的核心成分，它对人们的思想、情感和行为都有很大的影响，在个体成长中发挥重要的作用。人人都有自尊，但是每个人的自尊水平却不相同。研究发现，不同自尊水平的人，特别是处于自尊水平的两端者，其认知、人格、行为特点等都不相同。它表达的是一种对自己的认可或不认可的态度，表明了一个人在多大程度上相信自己是有能力的、有价值的、重要的和成功的。

初中学生的学业自尊代表着初中学生对自己多种学习能力的认识和对学习行为的控制感，代表着学生的自我价值的肯定和取得成绩的信心程度。Hart (1982) 研究发现，进入青春期和由小学升入初中，学生的自尊水平明显下降。下降的原因有两个：一是环境的改变使得青春期儿童出现了较高的自我意识、不稳定的自我意象和较低的自尊水平；二是这个年龄的学生在适应新要求和对中学环境的期望上出现了困难，因而影响了他们对自己的认知能力做出真实的评价。张文新（1997）研究发现，整个初中阶段学生的自尊水平是不稳定的，存在着极其显著的年级（年龄）差异，即初一学生的自尊水平显著高于初二和初三学生，而从初二（14岁）起，自尊出现明显下降趋势。许多研究发现，学生的学习成绩与其自尊或自我概念之间存在密切的联系。研究者认为，较高水平的自尊对学生的身心健康及学业成功有着积极的影响。辛向（2001）采用黄希庭等编制的青少年自我价值感量表对中学生的自我价值感和学业成绩的关系进行研究，发现在总体自我价值感上，学业成绩优秀者显著高于中等者，而中等者又显著高于学习成绩较差者。

三、生态系统理论

人是社会的人，在人与环境交互作用的过程中人与社会环境的交互作用扮演着重要的角色。美国心理学家布朗芬布伦纳提出的社会生态系统理论认为，个人的行为不仅受社会环境中的生活事件的直接影响，而且也受发生在更大范围内事件的间接影响。环境（或自然生态）是"一组嵌套结构，每一个嵌套在下一个中，就像俄罗斯套娃一样"。换句话说，发展的个体处在从直接环境（像家庭）到间接环境（像宽泛的文化）的几个环境系统的中间或嵌套于其中。每一系统都与其他系统以及个体交互作用，影响着发展的许多重要方面。

（一）微观系统

环境层次的最里层是微观系统（microsystem），是指个体活动和交往的直接环境，这个环境是不断变化和发展的，是环境系统的最里层。对于大多数婴儿来说，微系统仅限于家庭。随着婴儿的不断成长，活动范围不断扩展，幼儿园、学校和同伴关系不断纳入婴幼儿的微观系统中来。对学生来说，学校是除家庭以外对其影响最大的微观系统。

（二）中间系统

第二个环境层次是中间系统（mesosystem），中间系统是指各微观系统之间的联系或相互关系。布朗芬布伦纳认为，如果微观系统之间有较强的积极的联系，发展可能实现最优化。相反，微观系统间的非积极的联系会产生消极的后果。儿童在家庭中与兄弟姐妹的相处模式会影响到他在学校中与同学间的相处模式。如果在家庭中儿童处于被溺爱的地位，在玩具和食物的分配上总是优先，那么一旦在学校中享受不到这种待遇则会产生极大的不平衡，就不容易与同学建立和谐、亲密的友谊关系，还会影响到教师对其指导教育的方式。

（三）外层系统

第三个环境层次是外层系统（exosystem）。它是指那些儿童并未直接参与但却对他们的发展产生影响的系统。例如，父母的工作环境就是外层系统影响因素，儿童在家庭的情感关系可能会受到父母是否喜欢其工作的影响。

（四）宏观系统

第四个环境系统是宏观系统（macrosystem）。它指的是存在于以上三个系统中的文化、亚文化和社会环境。宏观系统实际上是一个广阔的意识形态，它规定了如何对待儿童，教给儿童什么以及儿童应该努力的目标。在不同文化中这些观念是不同的，但是这些观念存在于微观系统、中系统和外系统中，直接或间接地影响儿童知识经验的获得。

（五）时间维度

布朗芬·布伦纳的模型还包括了时间维度（chronosystem），或称为历时系统。他把时间作为研究个体成长中心理变化的参照体系，他强调了儿童的变化或者发展将时间和环境相结合考察儿童发展的动态过程。随着时间的推移，生存的微观系统环境不断发生变化。引起环境变化的可能是外部因素，也可能是人自己的因素。因为人有主观能动性，可以自由地选择环境。但是，对环境的选择是随着时间不断推移个体知识经验不断积累的结果。布朗芬·布伦纳将这种环境的变化称为"生态转变"，每次转变都是个体人生发展的一个阶段。

将家庭看作一个社会系统，是指家庭很像人体，是一个整体结构，它由相互关联的部分组成，其中各个部分之间都会相互影响，而且每一个部分都有助于总体功能的发挥。

四、自我调节学习

在同一个课堂，给定同一个问题或任务，有些学生会更积极主动些，也愿意尝试多种解决问题的策略，而另外一些学生则积极性少一些或者根本不愿意尝试。积极主动的学生通常会自己设置学习目标、选择学习策略并寻求相关资源以完成目标、监控学习进度、调整计划和行动，并在学习活动结束时评价自己在多大程度上完成了学习目标。这个过程就展示了学习者的自我调节学习，而教育的主要功能之一是发展终身学习技能。自我调节学习理论是 20 世纪 70 年代提出来的。近30年来，教育心理学研究者从不同角度对自我调节学习展开了深入的研究和探讨，逐渐使其成为动机心理学研究的重要问题，研究的重心也从早期只重视认知转移到同时重视学习者的动机、情绪和情感、意志控制和行为等因素之间的相互关系。

（一）自我调节学习的含义

自我调节学习（Self-regulated learning，SRL）是指学生为了达到预期的学习目标，提高学习效率，主动以学习活动为意识对象，不断有意识地进行监控、控制的过程，指导和规范各项活动，以达到预期的效果和教育目标。自我调节学习更倾向于一种能力，相对而言，学习能力越强的部分学生，其自我调节学习能力也相对较强，并且所成功承受的情感与知觉考验程度更为显现。

（二）自我调节学习的特征

由于对自我调节学习的理解存在着分歧，因此对自我学习特征的描述也不相同。

帕瑞克归纳出自我调节学习有四个共同的假设：（1）主动建构的假设（Active constructive assumption），学习是主动的活动，学习者积极参与他们的学习过程，在学习过程中，他们主动地创建意义、目标及策略；（2）控制潜能假设（Potential for control assumption），学习者可以监督、控制、改变或调节其认知、动机、行为甚至是环境的某些方面；（3）目标标准的假设（Goal criterion or stand and assumption），学习者可以对当前的学习与目标、准则或标准进行比较以评价其是否可以接受或者需要改变；（4）调节者的假设（Mediators assumption），学习不仅受学习者的人口特征、文化和个性特征以及情境特征如教室或者资源的直接影响，而且还受他们处理个体、情境和学习或目标达成之间关系的努力程度的影响。

帕里斯（S. G. Paris）等认为，自我调节学习有七个显著特征：①自我调节学习者自主选择学习目标，朝着自己的学习目标努力；②自我调节学习者给自己设置有挑战性的目标，最大限度地发挥自己的学习潜能，努力追求成功，而且也能够容忍失败；③自我调节学习者知道如何使用课堂中的学习资源，也可以自如的调整自己的学习；④自我调节学习者知道如何很好的与他人进行合作学习，他们经常与他人进行讨论，交流学习中的收获；⑤自我调节学习者重视意义的建构；⑥自我调节学习者有较高的学习自信心和自我责任感；⑦自我调节学习者能够根据预定的学习目标和时间，自己管理学习进程，评价学习表现。

（三） 自我调节学习与其他学习心理的关系

1. 自我调节学习与动机信念

自我调节学习的有关研究表明，学生的动机信念会影响其目标设定、策略的选择与学习成绩。成就动机的期望价值理论中的价值、期望与情感是自我调节学习过程中最重要的三个动机成分。价值是指学生从事某项特定学习工作的理由，而工作价值是价值成分中的重要因素。对特定学习工作越觉得重要、有用及兴趣高者，倾向于为自己设定较高的目标并善于利用内外资源及策略，其学习成绩也较好。期望是指学生对某项学习工作是否能成功的预期，如自我效能感和期望成功都是重要的因素。期望成功是指学生在某一特定学习中，对于成功或失败可能性的看法。对成功期望较高的人，倾向于设定较高的目标并能使用各种策略，表现也较佳。自我效能感是指在特定情境下，学生对于自己能力的信念。班杜拉认为，自我效能感是自我调节学习过程的重要因素。高自我效能感的个体倾向于设定比较高的目标，而且有比较高的目标觉察或投入。自我调节学习与学生的学业成就有着密切的关系，自我调节学习能力能够解释学业成就的许多变异，但是自我调节学习策略的运用依赖于学生的学业自我效能感。自我效能感强的学生在学习中能够更多运用认知策略和元认知策略，往往能有效地控制自己的学习行为，能够将注意力集中到学习活动和学习任务上去，能够自觉地克服学习活动不利因素的影响等。情感成分是指学生对于特定学习的情绪反应。在学习情境中，情感反应通常来自个人对学习结果与自身能力的自我评价。情感反应影响个人对以后行为的目标设定与策略的使用，也影响个人从事类似学习时的学习成绩，影响自我调节学习。班杜拉认为，自我调节学习中的情感反应主要是自己对学习表现的满意度。对自己的学习成绩感到满意者，倾向于为下一次类似的学习设定更高的目标，也会采取有效的策略达成设定的目标。

2. 自我调节学习与目标

大多数学者认为，目标是影响自我调节学习过程的重要因素。目标设置在自我调节过程中具备引导功能以及监控功能。目标的设定将指引个体以后的意志及策略运用，目标也可以作为行为的评价标准。德韦克等将人的成就目标分为两类：一类学习目标是追求提高自己的能力和理解水平，称为"学习取向的目标"或掌握目标；另一类学习目标是追求证实自己的能力水平和获得成就感，称为"成就取向的目标"或成绩目标。大量研究证实，具有掌握目标的学生倾向于选择挑战性的任务，而具有成绩目标的学生喜欢选择即使学不到新技能，但是能证实自己能力的任务。埃姆斯等也发现具有掌握目标的学生有更多有效的学习策略，进行努力归因并对学习具有积极的情感。研究表明，具有掌握目标的学生比拥有成绩目标的学生更倾向于使用深加工策略，付出更大的认知努力。具有掌握目标的学生比具有成绩目标的学生更多地使用自我调节学习策略，有更高的学业效能感、学习动机和学习态度水平。

3. 自我调节学习与学习策略

学生要做到自我调节学习，首先自己必须会学，也就是说必须掌握一定的学习策略，在自我调节学习中能够有效地运用。根据信息加工理论，选择（选择性注意）、建构（内在连接）、整合（外在连接）和获得（长期记忆的储存）是信息处理过程中最重要的四个成分，而注意策略、复述（rehearsal）策略、精细加工策略、组织策略则是可以促进有效信息处理的四类策略。复述可以使个体对注意进行选择并让信息在短期记忆中保持活跃，精细加工策略有助于外在联结的建立；组织策略帮助个体对信息进行有效的内在连接。经过选择性注意，内在连接和外在连接之后，个体获得的新信息易于在长期记忆中储存。元认知是指人对自己的认知过程与认知结果具有觉察与调整的能力。觉察包含知识与经验，调整则涉及策略的使用或以认知知识为基础所进行的认知自我调节。布朗（Brow）等最早将元认知调节活动区分为三类：计划、监控和调节。计划策略、信息选择、精细加工、监控策略和调节策略等是影响学习成绩的重要策略。

总之，动机信念、目标设定和学习策略是自我调节学习过程中非常重要的要素。在自我调节学习过程中，动机信念可以诱发个体进行目标设定，学生以设定的目标为参照标准，选择适当的方法及学习策略达到设定的目标。

第三节 以往关于农村学生心理状况总体情况的调查研究

截至 2020 年 6 月底，中国知网以"学习心理"为主题词可以检索到国内外相关文献 8 634 篇；以"学习心理" + "初中生"、"中学生"为主题词仅检索到文献 516 篇；以"学习心理" + "初中生"为主题词可检索到文献 70 篇；而以"学习心理" + "农村初中生""农村中学生"为主题词可检索到的文献仅有 16 篇，学者们对于农村中学生的学习心理状况的研究还有待加强。通过以往文献的查阅发现，在为数不多的对于农村学生的调查研究中，主要是对学生学习的观念和学习的情绪（厌学）的总体调查，研究内容较单一，研究不够系统。

覃章成（2000）[①] 采用访谈、问卷调查等形式对镇初中学生的学习心理状况进行了调查，结果表明：大部分农村初中生具有较为明确的教育价值观，74% 的学生认为学习的作用是提高自身素质，10% 的学生认为学习的作用是为了考中专和大学，16% 的初中生没有考虑；农村青年的经济收入与受教育程度成正比，其中 65% 的学生认为高中（中专）毕业生挣钱多，25% 的学生认为初中毕业生挣钱多，8% 的学生认为小学毕业生挣钱多，只有 2% 的学生认为文盲能获得较高收入。通过对学习态度调查结果表明，67% 的学生对学习的热情较高，24% 的学生对学习的热情中等，9% 的学生害怕学习，这与他们"考中专或大学"意识淡化是一致的。调查中还发现，90% 的学生都有自己"最讨厌的课程"。除了与教师的教学方法紧密相关，也与该课程的实用价值紧密相关，6% 的学生对与现实生活联系紧、实用性强的数学、物理、化学、语文、劳技学习热情较高，78% 的学生希望在劳技课、活动课上学到较多的、实用的农业科技知识，使之能对他们以后的工作有所帮助，而对学术性较强的生物、英语不感兴趣。在学生讨厌的课程中，英语是初中的核心课程之一，有 57% 的学生认为"英语对于我们以后的生活几乎没有用处"。学习目的调查结果表明，对于初中毕业后的打算，55% 的学生选择读高中或中专，18% 的学生选择就业，27% 的学生还没有考虑，有读大学愿望的占 37%。重点调查初中学生对于"务农"的态度结果表明，农村初

---

① 覃章成. 当前农村初中生学习心理调查 [J]. 教育探索, 2000 (4): 38 – 40.

中生大部分不愿意务农，其比例随年级变化，而且该心态呈现出一种波动：初一年级为69%，初二年级为58%，初三年级为72%。

戴斌荣，刘正萍（2004）[①] 从被调查学生的全体来看，有近80%的学生学习动机强度是适中的，只有20%左右的学生学习动机不是太弱就是太强，其中太强的占2/3。女生中学习动机太强的人数百分比明显高于男生，男生中学习动机强度适中的人数百分比明显高于女生。这可能是与世俗的偏见和处于青春发育期等因素有关。在农村，能进入省重点高中学习的女生相对于男生来说还是比较少的，当她们有幸到省重点高中学习，就非常珍惜这来之不易的学习机会。部分学生由于过分地珍惜，就容易表现出学习动机过强。以上的农村重点高中生对学习是感兴趣的。在学习兴趣方面存在着显著的年级差异表现在毕业班中，有兴趣的学生人数百分比显著地高于非毕业班学生。这是因为毕业班学生参加高考的近景学习动机比非毕业班学生更加明确，他们对高考结果的美好愿望加强了对学习的间接兴趣，学生已经掌握了应试技巧，毕业班学生中掌握应试技巧的人数百分数明显地高于非毕业班。首先是因为毕业班学生学习的年限比非毕业班学生长，他们参加的考试比非毕业班学生要多；其次是因为毕业班学生各门功课都进入复习阶段，考试的次数多了，老师讲解的考试技巧也多了。这些对他们掌握应试技巧都有一定的促进作用。男生中掌握应试技巧的人数百分数明显地高于女生，这可能是由男女生学习方式上的差异造成的。女生学习认真，擅长于机械学习；男生擅长于理解学习。机械学习常常忽视技巧，理解学习需要讲究技巧。农村重点高中生的考试焦虑是比较突出的，回答无焦虑的学生所占比例较少，大部分学生存在着中等程度的考试焦虑，但程度严重的相当少。

邓红，高晓明（2009）[②] 主要通过学生在学习过程中的内心感受以及行为表现两个维度来考察他们在学校学习中的心理状况。调查显示有比较明显的厌学情绪的学生占51.3%，表现为对所学课程中的大部分经常不感兴趣或对所学课程几乎都不感兴趣，所学的课程都感兴趣的学生仅有5.2%；表现出比较典型的厌学

[①] 戴斌荣，刘正萍. 千名农村重点高中学生学习心理的调查研究 [J]. 教育理论与实践，2004 (4): 56-59.

[②] 邓红，高晓明. 农村中学生学习心理及影响因素研究——来自甘肃省榆中县的调查分析 [J]. 现代中小学教育，2009 (1): 63-66.

行为的学生占67.4%,如上课注意力不集中、经常违反课堂纪律、迟到、早退甚至旷课、逃学、经常不完成作业、与教师发生冲突等。通过探讨课程各个要素对学生学习心理的影响,无论是学生喜欢的还是不喜欢的课程,在对课程内容感兴趣的程度上,成绩好的学生明显高于成绩差的学生;在学习的自信心上也表现出了同样的趋势,成绩好的学生比成绩差的学生在学习过程中自信心显得更足。第一,学生在对学习的价值、意义上的态度基本上是一致的,都认为学校内学习的所有课程无论自己喜欢与否都对自身的发展和今后的生活有所帮助;第二,从课堂教学来看,教师讲解生动有趣、课堂气氛活跃、互动积极的课程普遍受到学生的欢迎;教师讲解枯燥乏味、课堂气氛沉闷的课程则不受学生欢迎;第三,从教师对学生的态度来看,无论课程是否受到学生的欢迎,教师对于那些成绩较好的学生抱有较高的期望,给予的表扬也较多;学习成绩一般或较差的学生在那些自己喜欢的课上受到的表扬也较多,这也许是由于他们在这些课程上成绩较好的缘故;而他们在自己不喜欢的课上受到的批评和惩罚远远多于成绩较好的学生,同时这些任课教师对他们存在比较严重的偏见。

刘泽佳(2018)[①]结合城乡一体化背景,采用访谈和问卷调查、文献研究等方法了解到农村小学生厌学现象较为普遍,阐述了典型的厌学问题表现,系统化、多角度地分析了农村小学生厌学的原因,并提出了对策。厌学问题表现为对学习的认识存在偏差、学习动机不足或缺失以及学习行为较为消极等三个方面。在学习兴趣上,不少学生学习的积极性、主动性不强,不愿上课、不爱动脑筋、不完成作业、贪玩,学习拖拉、散漫、怕苦怕累,把学习看成是奉命的、被迫的苦差事;在学习的认识上,受到当前某些消极思想的影响,部分学生萌生新的"读书无用论"观念,学习态度不端正,消极对待学习活动;在学习的行为上,主要表现为学习习惯不良,上课开小差,经常抄袭作业,经常迟到、早退,甚至逃学、辍学。造成农村小学生厌学问题有多方面的复杂的原因:有的来自于家庭,父母的教育水平直接影响到他们的孩子的辅导;有的家长忙于生计,没有时间照顾孩子的学习,对孩子的学习漠不关心,这就导致孩子们缺失上进的动力,

---

① 刘泽佳. 城乡一体化背景下农村小学生厌学问题的调查研究——以南昌市新建区为例[D]. 赣州:赣南师范大学,2018.

不利于他们的学习；有的来源于学校，有的教师盲目看重分数，偏向于成绩好的学生，对后进生缺少关注，严重挫伤了部分学生的学习积极性，逐渐的对学习失去兴趣；有的来源于社会，由于城乡发展逐渐一体化，一些不良的社会思想观念也在不断冲击着农村小学生的价值观，手机、网络的广泛运用也给小学生带来巨大诱惑，不少小学生沉迷于网络游戏，荒废了学业。

高艾丽（2019）[①]通过对城乡学生学业表现差异比较发现，地区因素对学业表现的影响较为显著，农村学校比城镇学校平均学业成绩水平低，非农业/居民户籍的学生学业表现的整体水平高于农业户籍的学生学业成绩水平，在年学习效率上，农业户籍学生比非农业/居民户籍学生下降的多；除了城乡的因素影响以外，个体学生的性别、天分也会影响其学业表现，学生认知能力越高，越容易获得好的学业表现；在学校因素的影响效果研究中发现，学校的管理水平和教师资源是一个学校最重要的影响因素，学校管理越严格，教师质量越高，就越容易培养出优秀的学生；虽然大多数家庭资源对学生学业表现出积极影响，但是农村家庭独生子女较少，家庭内部资源相对有限，因而个人可获得的资源会随着同胞数量的增多而被减少，学业表现会相对较差。

通过对以往的文献回顾发现：第一，农村中小学生群体表现出一定的学习价值观以及学习情绪问题，其学习心理状况不容乐观，需要积极关注；第二，已有研究更多调查了解农村中小学生学习状况的某一方面，没有形成系统研究；第三，对于农村中小学生学习状况调查仅停留在现象描述上，没有深入探讨影响学习心理状况的因素，提出教育上的培养。

---

① 高艾丽. 城乡中学生教育资源的拥有差异及其对学业表现的影响分析［D］. 太原：山西师范大学，2019.

第二章

边远山区农村初中生学习动机状况调查及培养、激发

第一节 学习动机概述

一、学习动机的含义

学生的学习活动是由各种不同的动力因素组成的整个系统所引起的。其心理因素包括：学习的需要，对学习的必要性的认识及信念，学习兴趣、爱好或习惯等。从事学习活动，除了要有学习的需要外，还要有满足这种需要的学习目标。由于学习目标指引着学习的方向，可把它称为学习的诱因。学习目标同学生的需要一起，成为学习动机的重要构成要素。国内外众多研究表明：在影响学生学习质量的因素中，学生的学习动机是非常重要的变量。孔子认为立志对于学习是十分重要的，教导学生要"志于学"，要激发学习动机，下决心去探求学问。同时，他也强调兴趣、情感等其他非智力因素对于动机有培养和激励作用。学习动机是指激发个体进行学习活动，维持已引起的学习活动，并致使个体的学习活动朝向一定的学习目标的一种内部启动机制。学习动机是直接推动学生进行学习的一种内部动力，是一种学习的需要，这种需要是社会和教育对学生学习的客观要求在学生头脑里的反映，表现为学习的意向、愿望或兴趣等形式，对学习起着推动作用。信息化下的学习强调把学习者置于一种动态、主动、开放、多元的学习环境下，以养成学习者主动探究的习惯和能力。传统的学习习惯是机械灌输与静

态练习，学习环境封闭、单一，学习者的实践能力得不到锻炼和发展，而信息化下的学习要求学习者具有动态的学习资源、主动的学习地位，开放的学习时空和多元的思考方向，这些都需要强烈的学习动机为动力。

二、学习动机的分类

学习中的动机是复杂而多样的。根据心理学研究材料和调查材料，学生的学习动机大致有如下的内容：实现家长的要求，为了报答父母，履行教师的要求，为了将来好工作，对学习活动或对某一学科感兴趣，希望受到别人的鼓励或避免责备，对集体的责任感、荣誉感和对社会建设的向往，为了个人的前途、名誉、地位等。根据国内外心理学家的研究，学习动机可以从以下几个方面进行分类。

（一）根据学习动机的内外维度分类

根据学习动机的动力来源分类，布鲁纳将学习动机分为外部动机与内部动机两种。内部动机是指人们对学习本身的兴趣所引起的动机，动机的满足在活动之内，不在活动之外，它不需要外界的诱因、惩罚来使行动指向目标，行动本身就是一种动力。外部动机是指人们由学习活动或学习者以外的客观因素激发下所引起的动机。它是由外部的一些刺激，人为地影响学生产生的一种学习动力，表扬、奖赏、评分、竞赛等都是教育工作中常用的激起外部动机的诱因。

（二）根据动机行为与目标的远近关系分类

根据动机行为与目标的远近关系划分，可把学习动机区分为远景的间接性动机和近景性的直接性动机。所谓近景动机，是指与近期目标相联系的一类动机。这类学习动机与学习活动直接联系，是由对学习的直接兴趣、对学习活动的直接结果的追求所引起的。这类动机比较具体，而且有实际效能，但是作用较为短暂而不稳定，容易随情境的变化而改变。所谓远景动机，是指动机行为与长远目标相联系的一类动机。这与学生对学习意义的认识，与学生有无远大志向（如崇高的理想，或个人主义的目的），与他们的世界观有密切关系的动机。这类动机一旦形成，就具有较大的稳定性和持久性，不易为情境中的偶然因素所改变，能在较长时间内起作用。

（三）根据学习动机的成分分类

在学校情境中，学生的学习动机集中反映为三种内驱力。

1. 认知内驱力

这是一种要求理解事物、掌握知识、系统地阐述并解决问题的需要。它以求知为目标，以获得知识为满足。这种内驱力主要是从人类原始的好奇心和探究欲中派生而来的。这种内驱力是最稳定的一种学习需要，是一种内部学习动机。

2. 自我提高的内驱力

内驱力是指个体通过自己的能力或学业成就而获得相应地位和威望的需要。它使学生把学习行为指向当前学校学习中可能取得的成就，以及在此基础上将自己的行为指向未来的成就和地位。这种内驱力不是直接指向学习任务本身，而是把学业成就看作是赢得地位和自尊的根源。成就的大小决定自己所赢得地位的高低，同时又决定着自尊需要的满足与否。这是一种间接的学习需要，属于外部动机。在学习过程中，认知内驱力（内部动机）固然重要，但自我提高的内驱力（外部动机）也是必不可少的。

3. 附属内驱力

附属内驱力又称为交往的内驱力，指个体为了获得长者（如教师、家长等）的赞许和同伴的接纳而表现出来的把工作、学习搞好的一种需要。它既不直接指向学习任务本身，也不把学业成就看作是赢得地位的手段，而是为了从长者或同伴那里获得赞许和接纳。这说明学生对长者和同伴在感情上具有依赖性。这也是一种外部动机。

成就动机的三个组成部分在动机结构中所占的比重不是一成不变的，而是随着年龄、性别、个性特征、社会地位和文化背景等因素的变化而变化。

三、学习动机理论

为了将动机理论更好的应用于学校的教育工作中，教育家和心理学家开始将动机与教育问题相结合并展开系列的专门的研究。

（一）罗杰斯的自由学习理论

由于人本主义强调教学的目标在于促进学习，因此学习并非教师以填鸭式严格强迫学生无助地、顺从地学习枯燥乏味、琐碎呆板、现学现忘的教材，而是在好奇心的驱使下去吸收任何他自觉有趣和需要的知识。罗杰斯认为，学生学习主要有认知学习和经验学习两种类型，其学习方式也主要有两种：无意义学习和有意义学习，并且认为认知学习和无意义学习、经验学习和有意义学习是完全一致的。因为认知学习的很大一部分内容对学生自己是没有个人意义的，它只涉及心智，而不涉及感情或个人意义，是一种"在颈部以上发生的学习"，因而与人无关，是一种无意义学习。而经验学习以学生的经验生长为中心，以学生的自发性和主动性为学习动力，把学习与学生的愿望、兴趣和需要有机地结合起来，因而经验学习必然是有意义的学习，必能有效地促进个体的发展。

对于有意义学习，罗杰斯认为主要具有四个特征：①全神贯注，整个人的认知和情感均投入到学习活动之中；②自动自发，学习者由于内在的愿望主动去探索、发现和了解事件的意义；③全面发展，学习者的行为、态度、人格等获得全面发展；④自我评估，学习者自己评估自己的学习需求、学习目标是否完成等。因此，学习能对学习者产生意义，并能纳入学习者的经验系统之中，强调自由自主，因而称为"自由学习观"。

（二）成就动机理论

成就动机是在人的成就需要的基础上产生的，它是激励个体乐于从事自己认为重要的或有价值的工作，并力求获得成功的一种内驱力。例如，学生想获得优良的成绩，便是成就动机作用的表现。这种动机是人类所独有的，是后天获得的具有社会意义的动机。在学习活动中，成就动机是一种主要的学习动机。阿特金森认为个体的成就动机可以分为两类：一类是力求成功的动机；另一类是避免失败的动机。力求成功的动机是人们追求成功和由成功带来的积极情感的倾向性；避免失败的动机是人们避免失败和由失败带来的消极情感的倾向性。根据这两类动机在个体的动机系统中所占的强度，可以将个体分为力求成功者和避免失败者。在力求成功者的动机成分中，力求成功的成分比避免失败的成分多一些；在避免失败者的动机成分中，避免失败的成分比力求成功的成分多一些。力求成功者的目的是获取成就，他们会选择有所成就的任务，而且成功概率为50%的任务是他们最有可能选择的，因为这种任务能给他们提供最大的现实挑战。当他们面对完全不可能成功或稳操胜券的任务时，动机水平反而会下降。相反，避免失败者倾向于选择非常容易或非常困难的任务，如果成功的概率约为50%时，他们会回避这种任务。因为选择容易的任务可以保证成功，使自己免遭失败。选择极其困难的任务，以免遭失败；选择极其困难的任务，即使失败，也可以找到适当的借口，得到自己和他人的原谅，从而减少失败感。

(三) 成败归因理论

人们做完一项工作之后，往往倾向于寻找自己或他人之所以取得成功或遭受失败的原因，这就是心理学家探讨归因问题的客观依据。归因是指对某人成功或失败原因的看法、解释，归因理论就是用于解释自己或他人的态度、行为因果关系的理论。

最早提出归因理论的是海德。他认为，人们具有理解世界和控制环境这样两种需要，使这两种需要得到满足的最根本手段就是了解人们的行为原因，并预言人们将如何行为。他认为，行为的原因或者在于环境，或者在于个人。他人的影响、奖励、运气、工作难易等都是环境原因。如果把行为的原因归因于环境，则个人对其行为的结果可以承担较小的责任。人格、动机、情绪、态度、能力、努力等都是个人原因。如果把行为的原因归于个人，则个人对其行为结果应当负责。海德还指出，在归因的时候，人们经常使用两个原则。一是共变原则，它是指某个特定的原因在许多不同的情境下和某个特定结果相联系，该原因不存在时，结果也不出现，我们就可以把结果归于该原因，这就是共变原则。例如，一个人老是在考试前闹别扭、抱怨世界，其他时候却很愉快，我们就会把闹别扭和考试连在一起，把别扭归于考试而非人格。二是排除原则，它是指如果内外因某一方面的原因足以解释事件，我们就可以排除另一方面的归因。比如一个凶残的罪犯又杀了一个人，我们在对他的行为进行归因的时候就会排除外部归因，而归于他的本性等内在因素。

维纳把归因理论扩展到成就领域提出了一个成就归因模型。个体将事件归为何种原因受环境（外部因素）和个体（内部因素）两方面影响。环境因素包括具体信息，如教师告诉学生考试成绩不好的原因是他们不够努力，也包括社会规范信息，如别人考得怎么样。个人因素包括个体关于考试和自己的各种图式和信念，如学生根据以往的经验对自己能力的知觉。这两大因素影响个体所做的实际的归因。从其他角度来看，还包括稳定性归因和非稳定性归因，即行为结果是由稳定因素还是不稳定因素决定的；可控性归因和不可控性归因，即行为结果的产生是由可控制因素还是不可控制的因素决定的。他进一步把人们活动成败的原因（即行为责任）主要归结为六个因素：能力高低、努力程度、任务难易、运气（机遇）好坏、身心状态、外部环境等。能力高低根据自己评估个人对该项工作是否胜任；努力程度是个人反省检讨在工作过程中曾否尽力而为；任务难度是凭个人经验判定该项任务的困难程度；运气指个人自认为此次各种成败是否与运气有关；身心状态是工作过程中个人当时身体及心情状况是否影响工作成效；环境因素是个人自觉此次成败因素中，除了上述五项以外，还有其他事关人与事的影响因素（如别人帮助或评分不公等）。

个体对事件所做的归因是知觉到的原因，并不一定是事件发生的真正原因，但对个体心理和行为产生影响的正是知觉到的原因而不是真正的原因。例如，以稳定性归因为例，如果个体将自己的成功归因于稳定因素（能力、任务难度），则对自己充满信心，并对未来有充分把握；如果归因于不稳定因素（努力、运气等），则对自己的行为结果没有把握，并抱有侥幸心理，希望以后自己仍能碰上好运气和好环境。

（四）成就目标理论

20世纪80年代末期，德韦克及其同事在能力理论的基础上，结合社会认知的最新研究成果，提出了较为完善的成就目标理论。成就目标理论认为学生的动机和相关的成就行为可以理解为当他们进行学业活动时所采取行动的原因或意图，是能力信念、成败归因和情感三者的整合。

在研究学龄儿童对于学业的态度时，德韦克发现面临失败时，被测试中出现了两种显著不同的反应模式：一部分被试者表现出失助反应：他们很快变得沮丧，没有兴趣去继续解决这个任务，对自己的能力失去信心，问题解决策略也变得很随机，甚至根本达不到预期目的；另一部分被试者似乎很喜欢挑战，仍然相信自己能够最终解决问题，并致力于探求更有效的问题解决策略。通过分析，德韦克等认为，在每个人的头脑中，都有一个关于能力的本质及特性的潜在理论。有些人认为能力是一种不稳定的、可控制的品质，可以通过努力得到增长提高，是一种能力的增长观；有些人则认为能力是一种固定的、不可控的特质，学习和努力只能使个体获取新知识，却无法提高一个人的聪明程度，是一种能力的实体观。被试者出现退避或进取的不同倾向很大程度上是由于个体追求的目标不同，即学习（掌握）目标和成绩目标。成就目标定向的差异影响着个体在成就情境中的认知、情感和行为，两种成就目标分别对应着两种动机模式。学习（掌握）目标的学习者从事学习活动的目的是获得新技能，提高自身能力，掌握新知识，目的指向活动本身；成绩目标的学习者成就行为的目的是向他人表现自己的能力，得到他人对自己能力的认可，获得对自己能力有力的评价，避免消极评价，目的指向他人。

之后埃利奥特等提出成就目标理论四分法，即把成就目标分成学习（掌握）接近目标、学习（掌握）回避目标、成绩接近目标、成绩回避目标四类。学习（掌握）接近目标的学习者从事学习活动的目的是获得新技能，提高自身能力，掌握新知识，目的指向活动本身；学习（掌握）回避目标是当学生集中于避免失误或未掌握任务时发生，这些具有完美主义的学生并不关心，对比其他人有错误（成绩回避目标），而是宁愿根据他们自己的标准——运用对任务不犯错的标准；成绩接近目标关心的是在完成任务中胜过别人，比别人聪明，使用的标准是获得最好或最高分数，在班上是最优的学生；成绩回避目标的特点是回避次等，防止使别人觉得自己愚蠢，使用的标准是避免获得最坏的分数，避免自己是班上最差的学生。

四、学习动机的作用

人所有的行为无不由某种动机引起。学生的学习行为也正是由学习动机引起并维持的。学习动机对学习过程产生影响，从而影响最终的学习效果即学业成就。当学生一旦有了学习的需要，产生了学习的动机才会集中精力在某些学习上，从而启动其学习行为，之后学习动机又像指南针一样指引着学生的学习行为向着既定目标前进。

（一）学习动机促进学习成绩的提高

学习动机与初中生的学业成绩之间存在密不可分的联系。大量研究表明，在个体的学习生活中，个体动机的类型和程度都对学生的学业表现有影响。外国学者基于大量的数据研究得出，动机与学业成绩之间存在非常显著的正相关，即说明高动机可以由高学业成绩激发，也可以引发高学业成绩，两者相互影响作用。除此之外，成就动机的强弱关系到学生对学习行为的而坚持程度，从而影响学习结果。例如，刘加霞等（2000）在大量的问卷调查和数据的整理分析研究基础上后发现，对于中学生来说，高学习动机引发高学习成绩。刘孝群，耿德英（2005）在研究中发现大学生的内部和外部动机均与学习成绩存在相关，但是内部动机太强反而不利于大学生学习成绩的提高，所以动机水平应该保持在合适的水平最佳。李晶、孟艳丽（2013）则将学习动机分为表面型和深层型、成就型，分别研究三者对学业成就的预测能力，发现深层次的动机对学也成就的预测能力最强。骆北刚等（2018）对某地区初中生的英语学业成绩进行了研究，探讨学习动机、学习策略、学业成绩三个变量之间的关系，研究结果表明，学习动机中的内部动机与学业成绩显著相关，内部动机越强其学业成绩越高，而外部动机与学业成绩的相关性不明显，无统计意义。因此，培养学生的内部学习动机对提高学业成绩有着十分重要的作用。

（二）学习动机促进能力的发展

学习动机是学习者发现知识、解决问题的重要力量。现代化的学习必须利用丰富的网络资源，通过网络收集、分析与总结资料，才能得出一定的结论。而学习者在完成这些工作的过程中，将促进分析与归纳、总结与概括能力的形成，这有利于学习者的研究与探究能力的生成。具有强烈学习动机者在学习活动中往往以主动探索、积极实践为显著特点。由于学习动机常常是自发的，在学习过程中能克服很多困难，这保持了与学习目标的一致性。同时，学习动机是依据学习者的自我需要产生，因而，它能很好地培养学习者坚韧不拔、意志坚强的个性特征。

第二节 边远山区农村初中生学习动机状况的调查与分析

一、研究方法

（一）研究对象

以吉林省东南部边远山区的农村初中生为调查样本学校，根据学校的规模（班级数、学生数）按一定比例抽取七年级至九年级学生为调查对象，采用网络调查形式，回收网络问卷 2 801 份，回收率为 100%；其中有效问卷 2 405 份，有效率为 85.86%。调查对象的具体情况为：男生 1 125 人，女生 1 280 人；七年级 922 人，八年级 894 人，九年级 489 人；班级干部 666 人，普通同学 1 739 人；健全家庭 1 764 人，单亲家庭 375 人，留守儿童 266 人。

（二）研究工具

1.《中学生学习动机量表（MSMT）》

该问卷是由郑日昌编制的，由 20 个项目构成。回答问卷时，被试者需对每个项目进行"符合""不符合"评价。每个项目选 A 记 1 分，选 B 记 0 分。假设被试者在某个分量表中的得分在 3 分以上，则可认定他们在相应的学习动机上存在一定的问题，或存在一定程度的困扰。所有被试者的得分划分为四个等级：0～1.99 为低；2～2.99 为中低；3～3.99 为中高；4～5 为高。该问卷包括学习动机太弱、学习动机太强、学习兴趣和学习目标四个维度，它们共同反映中学生的学习动机情况，每个维度五个题目。四个维度分别测查学生在学习动机上四个方面的困扰程度：1～5 题测查学生动机是不是太弱；6～10 题测查学生动机是不是太强；11～15 题测查学习兴趣是否存在困扰；16～20 题测查学习目标是否存在困扰。"动机过弱"子量表测量中学生的学习动机是否太弱，得分越高表示学生的学习动机越太弱方面的问题越严重；"动机过强"子量表用来测量中学生的学习动机是否太强，得分越高表示中学生的学习动机太强方面的问题更严重；"学习兴趣"子量表用来测量学习兴趣是否存在困扰，得分越高表示中学生的学习兴趣方面的困扰越严重；"学习目标"用来测量学习目标是否存在困扰，得分越高表示中学生的学习目标问题越严重。通过这四个维度共同反映中学生的学习动机情况。该子量表的重测信度为 0.824，各分量表分别为 0.828、0.834、0.842、0.776。这说明总体上问卷的内部一致性和稳定性良好。各分量表的信度系数都高于 0.6，说明各分量表的内部一致性和稳定性处于可接受的范围。内容效度较好，该量表对于初中生来说比较有适用性。

2.《学习动机问卷（SPQ）》

该问卷是由英国心理学家 Biggs（1987）编制的，主要包含表层动机、深层动机和成就动机三个维度。其中表层动机体现了学生应付检查和考试及格，是指向学习结果的动机；深层动机体现了学生因爱好与兴趣为弄懂和掌握知识积极主动学习知识的动机；成就动机体现了学生为获得高分或赞许和表扬而努力学习的动机。该学习动机的三个维度总计 18 道题。《学习动机问卷（SPQ）》的信度和效果良好。

3.《学业自我效能感问卷》

该问卷是由华中师范大学的梁宇颂、周宗奎参考由 Pintrich 和 De Groot 在 1990 年编制的《学业自我效能问卷》中的有关维度编制而成的。该量表把学业自我效能感分为学习能力自我效能感和学习行为自我效能感两个独立的维度。学习能力自我效能感是指个体对自己是否具有顺利完成学业、取得良好成绩和避免学业失败的学习能力的判断与自信。学习行为自我效能感是指个体对自己能否采取一定的学习方法达到学习目标的判断与自信。每个维度有 11 道测试题，共 22 道测试题。问卷采用五分制评分方式，分数越高代表效能感越高，学业自我效能感的总分是学习能力自我效能感和学习行为自我效能感得分之和。本次测试的克隆巴赫系数为 0.846，表明测验的信度良好。

（三）研究程序与数据处理

本研究以班主任作为主试，通过相同的测量工具进行网络问卷调查。网络问卷通过问卷星编辑，班主任在班级群中发放，要求被试者独立阅读指导语，认真作答。调查结束后，对问卷进行筛选整理，剔除无效问卷。采用 SPSS 21.0 软件进行数据处理，采用描述性统计、独立样本 t 检验、方差分析等方法进行统计分析。

二、研究结果

（一）边远山区农村初中生学习动机问题状况

1. 边远山区农村初中生学习动机问题整体状况

采用描述性统计分析以及单样本 t 检验的方法进行分析，将学生在四个学习动机维度上的得分分别与常模标准进行比较。动机太弱方面的平均分为 (1.45 ± 1.54) 分，显著低于常模（检验量 $v=2$，$t=-17.47$，$p<0.001$），说明大部分同学不存在学习动机太弱的问题，但有 12.9% 的同学得分在 4~5 分，说明其严重缺乏学习动机；在学习动机过强方面，大部分同学平均分为 (2.60 ± 1.25) 分，显著低于常模（$v=3$，$t=-15.81$，$p<0.001$），说明大部分同学不存在学习动机太强的问题，但 25% 得分在 4~5 分，存在学习动机过强的问题，有可能引起考试焦虑；在学习兴趣方面的平均分为 (1.33 ± 1.03) 分，显著低于常模（$v=2$，$t=-31.75$，$p<0.001$），说明大部分同学不存在学习兴趣方面的困扰，仅有 4.9% 的学生存在学习兴趣方面的困扰；在学习目标方面，大部分同学平均分为 (2.00 ± 1.31) 分，与常模标准无显著差异（$v=2$，$t=0.155$，$p=0.877$），但是有 14.3% 的学生存在被学习目标困扰的问题。

2. 边远山区农村初中生学习动机问题百分比

对调查数据进行进一步详细的统计分析，分析结果见表2-1。

表2-1 边远山区农村初中生学习动机问题统计分析

选项	符合/%	不符合/%
（1）如果别人不督促你，你极少主动地学习	34.5	65.5
（2）当你读书时，需要很长的时间才能提起精神来	33.1	66.9
（3）你读书就觉得疲劳与厌倦，只想睡觉	22	78
（4）除了老师指定的作业外，你不想再多看书	36.9	63.1
（5）如有不懂的，你根本不想设法弄懂它	22.7	77.3
（6）你常想自己不用花太多的时间成绩也会超过别人	25.4	74.6
（7）你迫切希望自己在短时间内就够大幅度地提高自己的学习成绩	71.7	28.3
（8）你常为短时间内成绩没能提高而烦恼不已	63.8	36.2
（9）为了及时完成某项作业，你宁愿废寝忘食、通宵达旦	63.0	37.0
（10）为了把功课学好，你放弃了许多感兴趣的活动，如体育锻炼、看电影与郊游等	40.2	59.8
（11）你觉得读书没意思，想去找个工作	14.6	85.4
（12）你常认为课本的基础知识没啥好学的，只有看高深的理论、读大部头作品才有意思	15.2	85.8
（13）只在你喜欢的科目上狠下功夫，而对不喜欢的科目放任自流	30.4	69.6
（14）你花在课外读物上的时间比花在教科书上的时间要多得多	27.1	72.9
（15）把自己的时间平均分配在各科上	57.5	42.5
（16）你给自己定下的学习目标，多数因做不到而不得不放弃	51.3	48.7
（17）你几乎毫不费力就能实现你的学习目标	17.1	82.9
（18）你总是同时为实现几个学习目标忙得焦头烂额	58.4	41.6
（19）为了应付每天的学习任务，你已经感到力不从心	44.4	55.6
（20）为了实现一个大目标，你不再给自己制定循序渐进的小目标	40.4	59.6

通过对表2-1进一步分析，在学习动机太强方面，有60%以上的同学在（7）（你迫切希望自己在短时间内就能大幅度地提高自己的学习成绩）（8）（你常为短时间内成绩没能提高而烦恼不已）（9）（为了及时完成某项作业，你宁愿废寝忘食、通宵达旦）都有这样的表现；在学习兴趣方面，有57.5%的同学把自己的时间平均分配在各科上；在学习目标困扰上，有50%存在（16）（你给自

己定下的学习目标，多数因做不到而不得不放弃）和18（你总是同时为实现几个学习目标忙得焦头烂额）那样的状况。

3. 边远山区农村初中生学习动机问题在各人口统计学变量的差异状况

为了掌握学习动机问题在各人口统计变量上的差异，采用了独立样本 t 检验和单因素方差分析的方法，分析结果见表2-2。

表2-2 边远山区农村初中生学习动机问题在各人口统计学变量上的差异（$M \pm SD$）

项目	维度	学习动机太弱	学习动机过强	学习兴趣困扰	学习目标困扰
性别	男	1.877 ± 1.711	2.592 ± 1.409	1.658 ± 1.304	2.176 ± 1.439
	女	1.464 ± 1.599	2.686 ± 1.290	1.254 ± 1.009	2.060 ± 1.349
	t	6.597***	-1.845	9.204***	2.214*
	p	0.000	0.065	0.000	0.027
年级	七	1.398 ± 1.572	2.655 ± 1.345	1.357 ± 1.103	1.990 ± 1.361
	八	1.871 ± 1.699	2.624 ± 1.346	1.497 ± 1.199	2.199 ± 1.402
	九	1.977 ± 1.783	2.659 ± 1.394	1.692 ± 1.407	2.369 ± 1.473
	F	30.864***	0.190	9.615***	11.161***
	p	0.000	0.827	0.000	0.000
是否班级干部	是	1.237 ± 1.573	2.639 ± 1.315	1.294 ± 1.044	1.903 ± 1.348
	否	1.823 ± 1.685	2.642 ± 1.362	1.506 ± 1.219	2.196 ± 1.403
	t	-8.414***	-0.065	-4.267***	-5.001***
	p	0.000	0.948	0.000	0.000
家庭模式	健全	1.381 ± 1.509	2.600 ± 1.253	1.300 ± 1.002	1.960 ± 1.313
	单亲	1.812 ± 1.655	2.620 ± 1.212	1.471 ± 1.131	2.191 ± 1.353
	留守	1.730 ± 1.562	2.531 ± 1.278	1.493 ± 1.143	2.171 ± 1.221
	F	12.498***	0.295	5.385**	4.936**
	p	0.000	0.745	0.005	0.007

注："*"代表 $p < 0.05$；"**"代表 $p < 0.01$；"***"代表 $p < 0.001$。

由表2-2可知，除学习动机过强问题上男女生不具备显著差异外，在学习动机过弱方面、学习兴趣困扰、学习目标困扰均存在显著的性别差异，男生比女生困扰更多。

不同年级在学习动机过强方面不存在显著差异，在其他三个方面均存在显著差异。通过事后比较得知，在动机过弱方面，七年级显著低于八年级和九年级，八年级和九年级差异不显著；在学习兴趣困扰方面，七年级显著低于八年级和九年级，八年级显著低于九年级；在学习目标困扰方面，七年级显著低于八年级和九年级，八年级显著低于九年级。

是否为班级干部方面，依然表现为除学习动机过强不存在差异，在学习动机过弱方面、学习兴趣困扰、学习目标困扰均存在显著的差异，且非班级干部的困扰比班级干部的困扰多。

不同家庭模式在学习动机过强方面不存在显著差异，在其他三个方面均存在显著差异。通过事后比较得知，在动机过弱方面，健全家庭显著低于单亲家庭和留守家庭，单亲家庭和留守家庭差异不显著；在学习兴趣困扰方面，健全家庭显著低于单亲家庭和留守家庭，单亲家庭和留守家庭差异不显著；在学习目标困扰方面，健全家庭显著低于单亲家庭与留守家庭，单亲与留守家庭差异不显著。

（二）边远山区农村初中生学习动机类型基本状况

1. 边远山区农村初中生学习动机类型整体状况

对边远山区农村初中生学习动机类型采用描述统计进行分析，学生的表层学习动机平均分为（3.767±0.874）分，以4分为分界线。4分及以上为高分，47.9%的学生具有较高的表层动机；学生的深层学习动机平均分为（2.667±0.863）分，以4分为分界线，8.4%的学生具有较高深层学习动机；学生的成就学习动机平均分为（2.451±0.722）分，以4分为分界线，5.4%的学生具有较高的成就动机。

2. 边远山区农村初中生学习动机类型百分比

对调查数据进行进一步详细的统计分析，分析结果见表2-3。

表2-3 边远山区农村初中生学习动机类型统计分析

选项	从不如此/%	偶尔如此/%	有时不这样/%	多数情况如此/%	总是如此/%
（1）我发现有时候学习能使我感到兴奋和满足	16.1	35	19.8	25.1	4
（2）一次考试的失败让我失去信心，因而我担心下一次考试仍然会失败	16.5	23.4	16.2	28.6	15.3
（3）我认为学习与考试无关的内容没有用	4.5	6.3	14.9	21.1	53.2
（4）我觉得几乎任何一门学科，只要我深入学习，对它们都会产生浓厚的兴趣	29	30.9	15.8	17.7	6.6

续表

选项	从不如此/%	偶尔如此/%	有时不这样/%	多数情况如此/%	总是如此/%
(5) 虽然我已经很努力地去准备考试了，但我还是担心自己会考得不理想	34.5	28.5	12.3	18.6	6.1
(6) 只要我认为已经做了足够的考前准备，我就不会再花多余的时间去学习，因为我认为还有很多有趣的事情等着我去做呢	8.9	12.6	20.1	27.5	30.9
(7) 我学习非常努力的原因是我觉得学习材料非常有趣	12.7	23.5	21.7	26.9	15.3
(8) 不管我是否喜欢学习，但我清楚地知道在学校取得好成绩将来就会找到好的工作	42.4	25.2	13.1	12.6	6.8
(9) 我发现这个知识点对于深入研究课题没有帮助，我就不会花太多时间去掌握它，因为我没有必要知道那么多	7.0	12.6	23.2	28.4	28.7
(10) 我的目标是能够及格，所以下的功夫越少越好	6.5	8.5	13.8	22.6	48.6
(11) 我很想在学业上比其他人有更好的表现	43.0	27.9	12.3	12.5	4.3
(12) 我想要使学习成绩得到"A"，因为我觉得这将使我能够找到好的工作	39.9	26.2	14.5	13.5	5.9
(13) 只有上课时发的讲义或是提纲里提到的内容我才会认真学习	8.7	15.0	18.9	27.9	29.5
(14) 课后或做实验后，我会把课堂笔记重看，以确保自己看得明白	21.0	26.4	21.2	24	7.4
(15) 一旦我发现某个课题十分有趣，我就会在课下花很多时间去研究它	26.4	29.9	16.5	21.1	6.1
(16) 当我阅读一本书时，我尽量去体会作者的意图	22.8	26.4	19.6	24.0	7.2
(17) 我有时候会在头脑中不停地回想学校的作业，比如在公交车上、走路时或是躺在床上	24.0	24.9	18.6	22.7	9.7
(18) 我常钻研某个课题，直到自己得出结论才会满足	24.5	27.3	19.0	21.8	7.3

通过对表2-3进一步分析，选项"(3) 我认为学习与考试无关的内容没有用"选择"总是如此"的人数占53.2%；选项"(6) 只要我认为已经做了足够的

考前准备，我就不会再花多余的时间去学"选择"总是如此"的人数占30.9%；选项"（9）我发现这个知识点对于深入研究课题没有帮助，我就不会花太多时间去掌握它，因为我没有必要知道那么多"选择"总是如此"的人数占28.7%；选项"（10）我的目标是能够及格，所以下的功夫越少越好"选择"总是如此"的人数占48.6%。进一步说明大多数学生的表层动机占比更大，学习更是为了应付考试。

选项"（5）虽然我已经很努力地去准备考试了，但我还是担心自己会考得不理想"选择"从不如此"的人数占34.5%；选项"（8）不管我是否喜欢学习，但我清楚地知道在学校取得好成绩将来就会找到好的工作"选择"从不如此"的人数占42.4%；选项"（11）我很想在学业上比其他人有更好的表现"选择"从不如此"的人数占43.0%；选项"（12）我想要使学习成绩得到"A"，因为我觉得这将使我能够找到好的工作"选择"从不如此"的人数占39.9%。说明边远山区农村初中生学习动机较低。

3. 边远山区农村初中生学习动机类型在各人口统计学变量的差异状况

为掌握学习动机类型在各人口统计变量上的差异，采用了独立样本 t 检验和单因素方差分析的方法，分析结果见表2-4。

表2-4 边远山区农村初中生学习动机类型在各人口统计学变量上的差异（$M \pm SD$）

项目	维度	表层动机	深层动机	成就动机
性别	男	2.377±0.933	3.322±0.907	3.528±0.899
	女	2.108±0.799	3.344±0.824	3.743±0.808
	t	7.609***	-0.601	-6.171***
	p	0.000	0.548	0.000
年级	七	2.096±0.859	3.471±0.845	3.696±0.843
	八	2.338±0.864	3.252±0.852	3.613±0.865
	九	2.451±0.905	2.992±0.891	3.493±0.893
	F	28.159***	34.820***	5.732**
	p	0.000	0.000	0.003
是否班级干部	是	2.249±0.844	2.445±0.801	3.961±0.800
	否	2.400±0.875	2.751±0.872	3.692±0.876
	t	-4.160***	0.814	3.209**
	p	0.000	0.416	0.001

续表

项目	维度	表层动机	深层动机	成就动机
家庭模式	健全	2.204±0.872	3.367±0.857	3.638±0.854
	单亲	2.356±0.892	3.181±0.928	3.655±0.912
	留守	2.378±0.846	3.197±0.804	3.665±0.829
	F	6.130**	7.876***	0.110
	p	0.002	0.000	0.896

注:"*"代表$p<0.05$;"**"代表$p<0.01$;"***"代表$p<0.001$。

由表2-4可知,男女生在表层动机和成就动机维度存在显著差异,男生的表层动机得分显著高于女生,女生的成就动机得分显著高于男生。

不同年级在学习动机类型的三个维度均存在显著差异。通过LSD事后比较得知,九年级表层动机得分显著高于八年级和七年级,八年级和七年级差异不显著;七年级深层动机得分显著高于八年级,八年级得分高于九年级;在成就动机方面,七、八年级差异不显著,七年级显著高于九年级。

是否为班级干部方面,非班级干部的表层动机得分显著高于班级干部,而非班级干部的成就动机的得分却显著低于班级干部。

不同家庭模式在成就动机维度不存在显著差异,在其他两个维度均存在显著差异。通过事后比较得知,在表层动机维度,健全家庭得分显著低于单亲家庭和留守家庭,单亲家庭和留守家庭差异不显著;在深层动机维度,健全家庭得分显著高于单亲家庭和留守家庭,单亲家庭和留守家庭差异不显著。

(三) 边远山区农村初中生学业自我效能感基本状况

1. 边远山区农村初中生学业自我效能感的整体情况

为了解边远山区农村初中生学业自我效能感的情况,采用了描述性统计的方法,学习能力自我效能平均分为(3.173±0.783)分,学习行为自我效能感平均分为(3.313±0.568)分,学习能力自我效能感的平均分和学习行为自我效能感平均分均处于中间值。

2. 边远山区农村初中生学业自我效能感在人口统计学变量上的差异

为了解边远山区农村初中生学业自我效能感在性别、学科、独生子女和班级干部上的差异,采用了独立样本T检验的方法,而为了解边远山区农村初中生学业自我效能感在年级和学业成绩上的差异,采用的是单因素方差分析的方法,分析结果见表2-5。

表2-5 边远山区农村初中生学业自我效能感在人口统计学变量上的差异

维度	学习能力自我效能感	学习行为自我效能感	学业自我效能感总分
男	3.312±0.745	3.078±0.588	3.192±0.583
女	3.086±0.744	2.999±0.543	3.042±0.584
t	3.678***	1.542	3.125**
p	0.000	0.123	0.003
独生	3.218±0.755	3.052±0.571	3.135±0.512
非独生	3.116±0.618	2.989±0.621	3.147±0.513
t	1.612	1.203	1.632
p	0.107	0.230	0.103
班级干部	3.348±0.688	3.205±0.690	3.275±0.579
普通学生	3.145±0.537	2.989±0.569	3.067±0.585
t	2.798**	3.372**	3.494**
p	0.006	0.001	0.002
七年级	3.089±0.770	3.058±0.559	3.071±0.550
八年级	3.292±0.690	3.145±0.651	3.219±0.640
九年级	3.189±0.739	2.862±0.543	3.026±0.563
F	4.266*	11.551***	5.813**
p	0.012	0.000	0.002
成绩较好	3.651±0.685	3.304±0.621	3.479±0.551
成绩中等	3.210±0.698	3.071±0.545	3.134±0.540
成绩较差	2.727±0.733	2.752±0.564	2.768±0.568
F	42.055***	28.479***	48.334***
p	0.000	0.000	0.000

注："*"代表$p<0.05$；"**"代表$p<0.01$；"***"代表$p<0.001$。

由表2-5数据分析结果可知，在性别上，学习能力自我效能感及学业自我效能感总分均存在显著差异。男生学习能力自我效能感及学业自我效能总分高于女生。但学习行为效能感不存在显著差异。

在是否独生子女变量上，边远山区农村初中生学业自我效能感维度及总分不存在显著差异。

在是否班干部变量上，学习能力自我效能感、学习行为自我效能感及学业自我效能感总分存在显著差异，在班级担任班干部的学生在学业自我效能感的维度及总分均高于普通学生。

在年级变量上，学业自我效能感总分及各维度存在显著差异。为进一步考察年级的差异，采用 LSD 事后检验分析，发现在学习能力自我效能感上，八年级学生显著高于七年级学生；在学习行为自我效能感上，八年级、七年级学生显著高于九年级学生，总体学业自我效能感总分上八年级学生显著高于九年级学生。

在成绩等级上，学业自我效能感及各维度存在显著差异。为进一步考察成绩排名上的差异，采用 LSD 事后检验分析，发现成绩水平较好的学生在学习自我效能感及各维度得分上显著高于成绩排名中等与成绩排名较差的学生。

三、讨论

（一） 边远山区农村初中生学习动机问题特点分析

1. 边远山区农村初中生学习动机问题整体状况分析

通过对于边远山区农村初中生学习动机整体状况调查并没有发现严重的学习动机问题，在学习动机太弱方面，大部分学生不存在问题。但是，有 4.9% 缺乏学习兴趣，12.9% 的同学严重缺乏学习动机，14.3% 存在学习目标困扰。此类学生在得不到他人督促的情况下，极少主动学习；对学习提不起精神；对读书产生厌倦；对老师指定的作业之外很少主动学习其他内容，较少去主动解决问题。初中是人生的"岔路口"，虽然条条大路通罗马，并不一定要走学习这条路。但是，往往不爱学习的学生在道德方面也可能存在一定的问题，问题青少年会带给同学、教师以及家长麻烦，会影响到社会，在校老师的教学热情也备受打击。因此，帮助学生树立正确的学习目标，才有不断的进取精神。人干任何事情都有一定的目的，也就是起因，为达到目的，去选择方法和手段，积极活动称为动机，这就是人进行活动的内部动力。目标的长短，对孩子起作用的大小不一样。目标长远则动力作用大，目标短小，产生动力则小。当然一下达不到更高的目标，从近处着手，逐步培养，引导孩子向长远目标奋进。将学习目标变成孩子的志向，应做到以下几个方面。目标要切合孩子的实际，不要定得过高或过低，一旦目标制定，要严加督促，严格执行，决不要妥协。在实际生活中要随时随地注意磨炼孩子的意志，将活动坚持到底，鼓励孩子克服困难，实现目标。教会孩子善于掌握自我锻炼意志方法，并为孩子树立榜样。例如，向孩子讲述居里夫人如何在艰辛的条件下学习和研究的事迹，张海迪与疾病作斗争和顽强学习的事迹，都有利于增强孩子的意志。让孩子参与检查和评价自己的行为和意志。又如，家长与孩子共同制定意志训练十项计划，每完成一项，都让孩子自己打上五角星促使孩子意志品质的发展。

2. 边远山区农村初中生学习动机问题百分比分析

调查表明，在学习动机方面，边远山区农村很多同学能够为了及时完成某项作业，宁愿废寝忘食、通宵达旦，这是一件非常具有正能量的学习状态，说明边远山区农村很多初中生对于学习非常的积极主动，但调查也表明，60%以上的同学迫切希望自己在短时间内就能大幅度地提高学习成绩并为短时间内成绩没能提高而烦恼不已，凡事过犹不及，根据耶克斯-多德森定律，中等强度的动机最有利于任务的完成。也就是说，动机强度处于中等水平时，工作效率最高，一旦动机强度超过了这个水平，对行为反而会产生一定的阻碍作用。例如，学习的动机太强、急于求成，会产生焦虑和紧张，干扰了记忆和思维活动的顺利进行，使学习效率降低。学习是对未知世界的探索过程，是从问题情境出发，去寻找答案的过程。学习是以问题解决为导向的复杂的思维和互动过程。杜威（Dewey）从思维产生的过程阐释了"学习的历程"，思维的过程是一种事件的序列链条。这一生产过程首先从反思开始移动到探究；以后再到批判性思维；最后得到比个人信仰和想象更为具体的"可以实证的结论"。思维不是自然发生的，它是由"难题和疑问"引发的，而正是"解决方案的需要"，维持和引导者反思性思维的整个过程。思维的发生就是反思——问题生成——探究、批判——解决问题的过程。欲速则不达，学习是一个日积月累、循序渐进的过程，让学生体会学习乐趣，重视学习过程，才能达到学习目标。

调查表明，在学习兴趣方面，有边远山区农村57.5%的初中生把自己的时间平均分配在各科上，这其实是一个很大的学习习惯问题。这些同学需要学习计划和学习方法的指导，中学生的精力和时间是有限的，针对自己的薄弱学科或环节是一个行之有效的学习原则。对于掌握得很好的知识点，没有必要再花大量的时间，要知道在投入相同的情况下，薄弱环节的产出率最高。明白并不是所有的薄弱学科中的薄弱点，都需要耗费很长时间来学习。例如，有些同学对英语语法掌握得不够牢固，不能根据有序单词表达出的意思做出正确的反应，造成自己大脑中信息链的断裂。同时，英语中的长句子、非谓语、介词都涉及了语法，这个薄弱点就是主要的，这就需要同学们加强语法的掌握力度，才可以有效地提高英语得分，那么就要把学习重点花在这上面。最实在的目标是稳拿难度低的题目分数，所以这时要集中力量突击难度中等和中等偏上题目的分数，而对于高难度题目的分数则选择适当的放弃。基础分值占了中考考试中大部分的比例，所以如果能稳拿基础分，那么自己的总体分数也会很乐观。

在学习目标的困扰上，很多同学给自己定下的学习目标，多数因为做不到而不得不放弃，并且总是同时为实现几个学习目标忙得焦头烂额。归根结底，都是因为目标太大，无法有效地激励自己坚持下去。如果把大目标分成多个简单的小目标完成，那么你就会坚持更久，慢慢形成习惯，自然可以达到最初那个目标。那么如何制定小目标呢？首先，从制定每周目标开始。一年、一个月太长，时间概念模糊，无法有效地实施。一天又太短，每天都制定目标，太累了。一周时间刚刚好，可以根据自身实际确定具体的行动项，达到可以给自己自信，使自己更加积极去完成；失败从中吸取教训，然后及时调整，同样是一种胜利。接着，坚持记录，仅仅写下每周目标还不够，还需要每天给自己的生活进行记录，不用太精细，大致事情就行。花费5分钟时间即可。最后，采取奖惩办法，每周进行总结，如果达到了预期目标，奖励自己一份小礼物。失败则继续加油，按照规定给自己一些惩罚。"书山有路勤为径，学海无涯苦作舟"，目标设定是学习长跑坚持下来的重要一环。

3. 边远山区农村初中生学习动机问题在各人口统计学变量的差异状况分析

调查表明，在性别方面，在学习动机过弱方面、学习兴趣困扰、学习目标困扰均存在显著的性别差异，男生比女生困扰更多。男生在学习上可能表现出兴趣狭窄，对读书失去兴趣；对课本上的基础知识的重视程度不够，好高骛远；只肯将时间花在自己感兴趣的科目上；缺乏对课本的兴趣，更多关注课外阅读内容。这些问题使得边远山区农村初中男生更少将注意力集中到课堂学习中。初中阶段，无论从生理发育或者心理发育，男生相对于女生都有着滞后性，这样的一种滞后，导致初中男生相对于女生来说更加"幼稚"，表现为更加的贪玩，不能有效地管理自己，把更多的精力和时间用在学习之外的地方，学习只能靠家长和老师去监督和管控，学习动机相对较弱，这是教育工作者需要重视的问题。在教学中也应该有所倾向，在学习上男生应该得到他人的督促、在学习主动性上需要得到加强。

在年级方面，不同年级在学习动机过强方面不存在显著差异，在其他三个方面均存在显著差异，并且七年级显著低于八、九年级。说明边远山区农村初中生从七年级到八、九年级，学生的学习动机下降了，学习兴趣、学习目标方面遇到的问题也增多了。八、九年级学生比七学生表现出更多的对学课本的兴趣下降，很难保持注意力等方面的问题，这些问题值得教育工作者的反思。我们在多年对教育心理学进行研究，对学生进行观察了解，中学生学习问题产生的原因有以下几个方面。一部分厌学学生在记忆力，观察力，思维力、理解能力等方面表现较弱，反应差。在小学阶段这些弱项表现还不是那么明显，但是在初中阶段却开始表现突出。因为进入初中后，学科门类比小学增多，学习内容随之加深，学习难度加大，更需要较高的学习能力来支撑。而如果学生在小学的时候没有培养良好的思维习惯、推理能力，那么他们到中学以后出现学习问题的概率就会增高。

在是否为班级干部方面，依然表现为除学习动机过强方面无差异，其他方面均是普通同学比班级干部问题多。这说明班级干部身上的一些积极品质值得普通同学去学习。班杜拉认为社会学习即模仿行为，通过观察他们生活中重要人物的行为而习得社会行为，这些观察以心理表象或其他符号表征的形式储存在大脑中帮助他们模仿行为。此后在自我效能理论研究中进一步提出替代性强化，指出学习的强化方式可以是替代性强化，即观察者因看到榜样受强化而受到的强化。班杜拉的社会认知理论与替代性强化表明学生行为的习得与完善可以通过模仿身边的榜样实现，因此必要在学校中弘扬榜样意识，通过对榜样学习方法和过程进行模仿，提高学习动机及完善学习策略，以期提升学生的能力与学业成就。时荣华通过访谈、问卷相结合的方式，认为班级干部应该拥有12种良好的个性品质，即耐心、热情、以身作则、灵活、毅力、镇定、民主、创造性、公正、组织能力、同伴关系好、负责。班级干部是班集体的"带头人",是集体成员"学习的榜样"。例如,班级干部要向大家提出学校及班主任的要求,首先自己应该做到。许多学生能否完成集体交给的任务,首先观察班级干部是否执行,往往也以此衡量一个班干部是否"信得过",否则就不服气,不听其指挥。所以,老师在选班干部的时候通常也会根据上面提到的良好品质,进行选拔。

在家庭模式方面,依然表现为除学习动机过强方面没有差异,其他方面均是健全家庭比单亲家庭、留守家庭学习动机问题少,单亲和留守家庭差异不显著。说明看似个人的学习,其实和家庭有着千丝万缕的联系。留守家庭虽然是健全家庭,但是如果孩子得不到父母的照顾和关爱,仍然会表现出和单亲家庭一样的学习或者生活、性格等方面的问题。

(二) 边远山区农村初中生学习动机类型特点分析

1. 边远山区农村初中生学习动机类型整体状况分析

调查结果表明,47.9%的学生具有较高的表层动机,此类学生只是为了应付检查或者考试,对学习没有兴趣,这些情况都不利于学业成绩的持续提高;8.4%的学生具有较高深层学习动机,这类学生往往能够根据自身掌握知识的状况和知识本身的难易状况,根据自身情况制订更有利的学习计划,学习之余可以合理安排课外活动,进而达到良好的学习效果,取得优异的成绩;5.4%的学生具有较高的成就动机,此类学生具备学习的积极性与主动性,当得到教师的表扬或者父母的奖励后学习劲头更足。大部分边远山区农村初中生在学习动机方面不是渴求知识、探索奥秘,而是以考试分数作为唯一追求的目标。上海市浦东教育发展研究院副研究员、学习共同体研究院院长陈静静博士[1],基于对中小学校课堂的长期观察,发现"学困生"主要源于"虚假学习"和"浅表学习"。"虚假学习"是指根本没有真正进入学习状态,学生采用各种"伪装"方式蒙蔽老师,进而逃避学习;"浅表学习"是一种以完成外在任务、避免惩罚为取向的学习行为,以机械记忆和反复操练为主,缺少深度思维加工,学习成果多以复制为主,

---

[1] 陈静静,谈杨.课堂的困境与变革:从虚假学习、浅表学习到深度学习——基于对中小学生真实学习历程的长期考察 [J].教育发展研究,2018 (Z2):90-96.

难以迁移和深化。真正的"优等生"一定表现为"深度学习",即进入全身心投入愉悦状态,善于与他人合作解决问题,最终通往自发的创造阶段。

2. 边远山区农村初中生学习动机类型百分比分析

由于大部分边远山区农村初中生学习动机属于浅表类型,所以在学习中,学生本着"只要我认为已经做了足够的考前准备,我就不会再花多余的时间去学""我发现这个知识点对于深入的研究课题没有帮助,我就不会花太多时间去获得它,因为我没有必要知道那么多""我的目标是能够合格,而下的功夫则越少越好"的观点,对学习浅尝辄止。浅表学习是一种以完成外在任务、避免惩罚为取向的学习行为,以机械记忆和反复操练为主,缺少深度思维加工,因此学习成果多以复制为主,难以迁移和深化。浅表学习的学生完全按照教师的指令行事,教师所讲的话都认认真真地记录下来,即使教师讲错了,学生也不会提出质疑,如同一架不知疲倦的"复印机"。但是,如果教师提出了比较挑战的问题,这些学生就不太愿意去思考,而更多的是等待其他人或者教师给出现成的答案。在小学阶段浅表学习的学生成绩一般是比较好的,也可能是教师眼中的"学优生"。但是,随着学年的不断提高,特别是到了初中二年级以后,开始出现学习困难和成绩下降的趋势,到了高中阶段,学习任务难度进一步提高,这些学生会表现出学习成绩"断崖式下跌",学习状态急转直下。

还有的部分同学为了获得高分或赞许和表扬而努力学习,这种类型的学习动机本身并没有什么问题。人具有社会属性,希望得到别人的赞许和肯定是很正常的,但是凡事必有度,过度的关注成就动机可能产生错误的自我概念。自我概念指的就是一个人对自己的认知和自我评价,它最初来自他人的评价,内化后形成对自己的评价。自我概念帮助调节自身还有维持自己的行为,对于个体存在和发展都有重要的意义,但错误的自我概念却导致错误的行为。为了获得高分或赞许和表扬而努力学习,假设他努力之后还得不到理想的成绩并且又受到父母的批评,这会导致有这种成就动机的学生很快的失去信心,从而渐渐地产生厌学心理,开始产生不思进取的表现,一系列颓废行为也会出现,"顺其自然""随遇而安"等思想也开始在心中形成。实际上孩子内心是充满自卑的,这也会影响他今后的人生。即使这种类型的学生能够获得高分,但是他人生的意义和价值不是实现自我理想，展现自己价值，而是活着家长和老师的眼中，有一天没有分数来衡量了，这类学生就没有能力去更出色地完成任务，找不到生活的意义，类似北京大学心理咨询师徐凯文所说的"空心病"。

3. 边远山区农村初中生学习动机类型在各人口统计学变量的差异状况分析

调查表明，在性别方面，男生的表层动机得分显著高于女生，女生的成就动机得分显著高于男生。首先，处于初中阶段的女生要比男生成熟得早，女生智力发展的高峰期在早期，记忆和理解能力都强于男生，学习意识会早于男生，学习目标明确，有着更强烈的学习动机，希望通过努力学习知识来提高自身能力；然后，初中校园的班级中，女生占绝大多数，而且女生担任班级干部的较多，品学兼优的"三好"学生评比也是女生居多；女生比较听话，听从父母和老师的建议，能够更多地获得父母和老师的喜爱和表扬。相对来说男生比较顽劣，调皮，女生在学习上得到老师的表扬和同学认可的也较多，也激发了女生的深层与成就型学习动机。

在年级方面，边远山区农村初中生九年级表层动机得分显著高于七、八年级；七年级深层动机、成就动机得分显著高于八、九年级。这说明在还没有中考压力的刚刚踏入中学校门的初中生对学习充满兴趣，也希望得到别人的赞许，往往兼有成就型学习动机和深层型学习动机，既能取得良好成绩，也对学习充满浓厚的兴趣，这些学生十分重视学习的过程。同时，也十分重视通过学习得到的学业成绩。但是，随着年级的增长，无论是家长、学校、社会将升学作为孩子今后的唯一出路，常常严抓学习。即便是在一些生活水平较为低下的农村，家长也会将此种观念灌输给孩子。同时，独生子女政策更让众家长将希望附加于孩子身上。强化的"望子成龙"的观念，导致家庭教育观念极度扭曲。中国几千年优良的家教传统，如教育孩子节俭、勤劳、忍让等，今日已经所剩无几，可谓荡然无存。只有那些学习成绩优秀的学生才能夸赞中成长，而那些学习较差的孩子常常会在父母的高压之下而变得悲观消极，进而导致更深层社会问题的出现。

在是否为班级干部方面，普通同学的表层动机得分显著高于班级干部，而普通同学的成就动机的得分却显著低于班级干部。原因是班级干部在学习方面更想体现模范带头作用，成就动机对学习具有定向性、维持性和动力性，它通过及时准备学习、注意力集中、加强努力等作用来调节心理潜能，充分发挥认知能力，来促进学生学业成绩的提高。

在表层动机维度上，健全家庭得分显著低于单亲家庭和留守家庭，在深层动机维度上，健全家庭得分显著高于单亲家庭和留守家庭。家庭环境系统对子女的学业成绩产生影响，积极的环境系统对学业成绩产生积极作用。同样，消极的环境系统对学业成绩产生消极影响。这种情况产生的原因包括：初中阶段的学生正是最需要父母关爱和理解的阶段，在父母的爱与关心、理解与支持的教养方式下，子女充分感受到来自家庭与父母的温暖与关爱，这对培养子女的学习兴趣及锻炼子女的专注度有着促进作用，从而增强子女对学习的积极性与主动性，并且更容易提高学业成绩。然而，单亲父母或留守中学生的父母跟子女接触的机会较少，不能给予孩子更多的关注和爱，孩子在分离中成长，出现的冷漠、否认等方式会增加子女的自卑心理，学习中遇到问题时不能从父母那里得到理解和支持，往往易被困难打倒，没有持之以恒的精神。这些消极的环境系统会降低孩子学习的积极性和主动性，在日常学习中容易出现退缩、放弃等行为，最终导致学业成绩下降。

（三）边远山区农村初中生学业自我效能感特点分析

1. 边远山区农村初中生学业自我效能感的整体情况分析

由数据分析的结果可以看到，边远山区农村初中生学业自我效能感得分为中间值，说明边远山区农村初中生总体上相信凭借自身的努力可以顺利达到良好的学习成绩。究其原因，这与初中生所处的特定时代有着紧密的关联性：①伴随着社会信息化的推进，网络运用的普及化、平民化，学生获取信息极其便利，这使学生获取信息的能力有所提高，从而促进学习能力的提高；②不可忽视的因素是随着高等教育的大众化，中小学师资水平有所提高，在这些推动力的综合作用下，毫无疑问可以极大促进中小学学生的学习能力的拔高；③随着社会文明程度的进一步提高，中学生的家庭也重视孩子的教育，给予孩子更多的关心和陪伴，这都有利于提高中学生的学业自我效能感水平。

2. 边远山区农村初中生学业自我效能感在人口学变量上的分析

从调查分析可见，在性别上，边远山区农村初中生学业自我效能感在性别上存在显著差异，其中学习能力自我效能感及学业自我效能感总分在性别上存在显著差异。男生的学习能力自我效能感及学业自我效能感总分高于女生，这与王才康等的研究结果一致。男生在对待事情的处理相对女生而言果断自信，然而边远山区农村初中生处于的发展阶段也是自我同一性发展的关键时期。因此，对于认识自我这个重要时期，男生相对而言比女生表现出了更多的自信感。相反，由于社会文化的原因，女生进入到中学，容易在学习的过程当中表现更多的自我怀疑，男生在面对自我发展性危机的做法相对女生来说更加主动。所以，相对女生而言，男生的学业自我效能感更强。

在学生是否是班干部方面，边远山区农村初中生学习能力自我效能感、学习行为自我效能感、学业自我效能感总分存在显著的差异。担任班级干部的学生在学业自我效能感的维度及总分均高于普通学生。原因可能是，本身担任班级干部的学生，在学习上本来就比较领先，自然在学习方面的自信心及判断程度比普通学生更好，在学业自我效能感的得分也更高。

在年级方面，边远山区农村初中生学业自我效能感及各维度存在显著差异，其中在学习能力自我效能感上，八年级学生显著高于七年级学生。在学习行为自我效能感上，八年级、七年级学生显著高于九年级学生。学业自我效能感总分八年级学生显著高于九年级学生。此研究结果与陈顺森的研究结果（九年级学生的学业自我效能感得分最高）不一致。原因可能是，七年级学生刚刚进入到中学学习，其对于中学突然难度增加的考试来说，自信程度自然下降。而进入九年级，却是更多的考试，更多要在一年时间复习过去两年学习的课程，中学生面临着初中升高中的学业压力伴随而来的学业焦虑也一定程度影响着该学段学生的学业自我效能感水平，所以说对于学习方面的自我效能感必然是会下降的。相比而言，八年级学生不像七年级学生需要适应，也暂时没有中考的压力，所以学习难度方面九年级学生低，同样地对待作业与考试的信心也比较高。

在成绩排名方面的情况，边远山区农村初中生学业自我效能感及各维度存在显著差异。其中，成绩排名较好的学生在学业自我效能感及各维度得分显著地高于成绩排名中等与成绩排名较差的学生。成绩排名是衡量学生成绩的好坏，对于学习成绩好的同学来说，相对而言他们对学习的自信也就越高。

第三节　边远山区农村初中生学习动机的培养与激发

在学习活动中，学习动机具有动力作用，是学习过程中的动力源。因此，教师的一项重要任务就是培养和激发学生的学习动机，学生只有在认知、情感和行为上更好地投入到学习活动中，才能取得良好的学习效果。学生学习动机的培养与激发既有区别又有联系。学习动机的培养是使学生把社会和教育向他提出的客观要求变为自己内在的学习需要，是指学生从没有学习需要或很少有学习需要，到产生学习需要的过程。学习动机的激发是把已经形成的潜在的学习需要充分调动起来，成为学生学习活动中的积极因素。同时，学习动机的培养和激发是密不可分的，培养是激发的前提，学习动机激发的结果又加强原有的学习需要。

一、学习动机的培养

（一）利用学习目的性教育培养学习需要

机遇只偏爱有准备的人，有了明确的目的和计划，学习才会有方向，方向能够指引行动坚持下去。如果没有方向，人就像在大海中航行，即使堤岸就在不远处，也很可能由于盲目而失去动力，往往就会浅尝辄止。进行学习目的性教育是教师和家长的一项经常的、重要的工作，通过对学生的学习目的性教育，帮助学生正确认识学习的社会意义。把当前的学习和祖国的需要、未来的建设、个人的远大理想联系起来，从而形成长远的、持久的学习动机，以适应学习方向，端正学习态度，激发学习热情，提高学习的自觉性和积极性，培养坚强的意志力。

为了使学习目的性教育卓有成效，教师和家长必须从学生的实际出发，根据学生的年龄特征，采取生动活泼富有感染力的方式，努力把思想性与知识性、情感性、形象性结合起来，寓学习目的性教育于丰富多彩的活动之中，这样才能使教育要求真正转化为学生的学习需要，从而成功地激发和维持学生的学习动机。例如，通过讲故事、召开主题班会、组织参观访问、成立科技小组等形式，都有助于加强学习目的性教育。另外，进行学习目的性教育，应该贯穿在日常的教学活动中。例如，教师在开始讲授一门新课程时，可先说明学习该学科的目的以及应达到的教学目标。在讲授每节课时，让学生知道具体的目标和要求，它在整个体系中的地位及实际意义，以引起学生的求知欲和探求知识的需要，从而调动起学习积极性。

学习的最大的目的与动力是运用。教师也可以教导学生在日常生活中将知识学以致用，让学生养成学用结合的习惯，借助知识的力去解决所遇到的难题，从而彰显出知识的重要作用，让学生认识到知识的重要性，学生自然而然就愿意学、乐于学。

还可以让学生认识到理想是高于现实的东西，需要脚踏实地，经过不断的努力，不断的奋斗方可到达。理想在学生的学习动机上有着定向和指导作用，能使学生在学习道路上不因一时的成功而满足，也不因一时的失败而气馁，可以克服重重困难而不迷失方向。

（二）利用学习动机与学习效果的互动关系培养学习需要

学习动机可以影响学习效果；学习效果也可以反作用于学习动机。要想使学习动机与学习效果从恶性循环转变成良性循环，①要改变学生的成败体验，使他们获得学习上的成就感，如设置具体目标及达到的方法。不能只给学生一些如努力学习等抽象的建议，而且要给学生提供明确而具体的目标以及达到目标的方法。②改善学生的知识技能掌握情况，弥补其基础知识和基本技能方面的欠缺。在实际教学中，为保持学生在学习上的成功感，教师评分首先应注意，学生的成败感与他们的自我标准有关，这种个别差异，使每个学生都体验到成功。③课题难度要适当，经过努力要可以完成，否则，总不能正确完成，就会丧失信心，产生失败感。④课题应由易到难呈现，以使学生不断获得成功感。⑤在某一个课题失败时，可先完成有关基础课题，使学生下次在原来失败的课题上获得成功感。但是，成功体验的获得最终必须依赖有效地掌握知识和技能，找出学习上的关键问题，填补知识技能掌握方面的空缺，是取得好的学习效果，使恶性循环变成良性循环的关键，也是获得真正成功感的决条件。

（三）利用直接兴趣和间接兴趣培养学习需要

好奇心和兴趣是顺利、成功地进行学习的前提和保证，可以培养学生对学习的兴趣。浓厚的兴趣可以帮助学生把枯燥无味的学习过程变成一件津津有味的乐事，使其主动地克服自身心理和来自外界的干扰，乐此不疲，长时间地保持准确、完整的注意力,从而产生新的更稳定更分化的学习需要。法国著名的昆虫学家法布尔从小就特别喜欢昆虫,无论环境多么恶劣,他观察昆虫的兴趣始终没有减弱。他经常来往于山水田园之间,徘徊在花草树木之中,观察昆虫的一举一动,探索着大自然的秘密。后来,他被派到一所公学任教,依然如孩子般捉甲虫,捕飞蝶,几乎把全部精力投入到昆虫世界。有一天,几个洗衣女见他在一个地方一直趴了几个小时,很是奇怪,走近一看,原来他正拿着一个放大镜在聚精会神地看一群苍蝇。对昆虫的兴趣让他对昆虫的研究几乎到了如痴如狂的地步,这为他以后写成《昆虫回忆录》这部不朽巨著积累了丰富的事实材料。因此,兴趣使学生在从事学习活动或探求知识的过程中伴随有愉快的情绪体验,从而产生进一步学习的需要。

利用原有动机的迁移,即新的学习需要由原来满足某种需要的手段或工具转化而来。利用这项途径,主要应当通过各种活动,提供各种机会,满足学生其他方面的兴趣和爱好,将学生对其他活动的积极性迁移到学习活动中。例如,对爱劳动的学生可以吸收他们参加生物小组,饲养动物,栽培植物,激起他们学好动植物课的需要。从这里入手,使他们在该学科的学习中取得好成绩,激起求知的欲望,把学习植物的积极性逐渐迁移到有关的学科,如生物、化学、语文等,培养、发展他们的兴趣,使他们产生学好各门功课的动机。

二、学习动机的激发

(一)创设问题情境,实施启发式教学

一旦人们逐渐习惯于一种环境或情形,它就会变成常规的,人们大脑中的网状结构开始在较低水平上运转。只有当一个新的或新异刺激再次出现,网状结构再次警醒,才能刺激大脑生长。启发式教学与传统的"填鸭式"教学相比能够激活大脑的网状结构,让大脑再次生长。实施启发式教学的关键在于创设问题情境。问题的出现激发了人们想要解决问题的欲望,在认知能力有限的前提下,外部的经验可以为问题的解决提供一种参考,至于可行与否,这就需要经过大脑反复思考,也就是反思的过程。

问题情境,指的是具有一定难度、需要学生努力克服而又力所能及的学习情境。简言之,问题情境就是一种适度的疑难情境。要创设问题情境,首先,教师

要熟悉教材内容，精通教材内容的结构，明了新旧知识之间的内在联系；其次，教师要充分了解学生已有的认知结构状态，使新的学习内容与学生的已有水平构成一个适当的跨度，由此才能创设出问题情境。具体创设问题情境的方式多种多样，既可以用教师设问的方式提出，也可以用作业的方式提出；既可以从新旧教材内容的联系方面引进，也可以从学生的日常经验引进；既可以在教学的开始阶段，也可以在教学过程和教学结束时进行。

（二）充分利用反馈信息，给予恰当的期望和评价

心理学研究表明，来自学习结果的种种反馈信息，对学习效果有明显的影响。这是因为，一方面学习者可以根据反馈信息调整学习活动，改进学习策略；另一方面学习者为了取得更好的成绩或避免再犯错误而增强了学习动机，从而保持了学习的主动性和积极性。

若教师让学生从一开始就更多感受到学习的快乐，学生则会在后续学习中降低努力程度。因此，要想让"压力期望"对学生学业发挥积极作用，教师就不能仅靠语言对学生提出学习要求，而应当清晰、通俗易懂地阐明学习目标和之后的课程学习框架等。同时，在日常交流中多鼓励和表扬学生，帮助他们发掘自身的潜力[1]。

教师应该强调学生个体的进步与掌握情况，减少社会比较，淡化分数和等级，减少公开评价，多运用无威胁的、掌握取向的评价方式。评价贯穿于每日活动中，任何的评价实践都以无威胁的方式进行，语气平和且不带批评的意味，把学生出现的错误变成改善学习的机会。通过强调自我参照标准，为学生创设一种掌握取向的学习环境。同时，也可采用多种评估方式并举的形式，让学生从多方面了解自己，培养学生自我评价及相互评价的能力。

（三）合理设置课堂环境，妥善处理竞争和合作

每个人在活动中都会表现出一定程度的好胜心，希望自己比别人强，自己能胜过别人。教师可以利用学生的这一心理，通过合理组织学习竞赛激发学生的学习动机。心理学研究表明，学习竞赛以竞赛中的名次或胜负为诱因，可以满足学生附属的和自我提高的需要，从而在一定程度上提高其学习积极性，进而影响学

---

[1] 杨希.教师的"压力期望"会降低学生学习动机[J].人民教育.2019（19）：8.

习效果。现以惠特谟耳的实验材料为例证实竞赛者的成绩优于无竞赛者的结论。惠特谟耳把12名男女大学生分为两组，让他们做机械工作和心理工作。对甲组说明须同他人竞赛，而对乙组只说须尽力而行，并不要求胜过他人。结果在量的方面，"竞赛者"的效率比"不竞赛者"增加了26%；而在质的方面，则"不竞赛者"较好。研究也表明，学习竞赛对不同水平的学习者有不同的影响。对于成绩中上的学生影响最大，因为这些学生通过努力可以不断提高名次。对成绩优异者或极差者，其影响甚微。因为优等生每次都能取得好名次，认为自己无须努力也能成功，故激励作用不大。相反，差生从来没取得过好名次，认为自己根本没有成功的希望，因而竞赛对他们也没有什么作用。另外，学习竞赛往往是对不合作的一种无形的鼓励，不利于团结协作的集体主义精神的建立。

　　学习竞赛既有积极作用，也有消极影响，既不能简单地全盘肯定，也不能全盘否定。如果在竞赛中不注意思想教育，只把竞赛作为激励学生个人自尊心与荣誉感的措施，就会产生消极影响。因此，学校教育中，运用个人竞赛或团体竞赛时，必须注意以下几点。①个人竞赛和团体竞赛虽然有助于提高学生的学习积极性，但是运用必须适当，切不可多用滥用，因为频繁地运用个人竞赛与团体竞赛，会造成过度紧张的学习气氛，加重学生的学习负担。同时，一贯胜利者会养成目中无人的骄气，而一贯失败者又会产生低人一等的心理压力，这同样都会使个人竞赛或团体竞赛失去其应有的激励作用。②团体竞赛的效果虽不如个人竞赛，但是仍应适当地倡导团体竞赛，以培养学生团体合作、互相关心的集体主义精神。团体竞赛更需要有领导的合理组织，否则会事倍功半。③要多提倡个人的自我竞赛和团体的自身竞赛，如鼓励学生个人或班级，力求"今天要比昨天好，明天更比今天强"。④增多获胜的机会，尽可能使更多的学生获得成功，以提高其自尊心和自信心。例如，有的地方几所学校联合起来，让某学科一贯不及格的学生参加竞赛（包括个人和团体），便是一种值得借鉴的办法。

　　培养具有与他人合作和团队精神的人是教育的目标之一。为此，小组合作学习已经越来越流行。研究表明，让不同种族、性别、能力水平的学生组成小组共同学习，不仅对学习成绩有积极的影响，而且对提升学生的自尊、学习自信、班级荣誉感、增进同学之间的相互喜爱都有积极的作用。

（四） 适当进行归因训练，促使学生继续努力

就稳定性维度而言，如果学习者把成功或失败归因于稳定因素（能力、任务难度），则学习者对未来的学习结果也会抱有成功或失败的预期，并会增强他们的自豪感、自信心或产生羞耻感、自卑感；相反，如果学习者把成功或失败归因于不稳定因素（努力、运气、身心状态、外界环境），则不会影响他们对未来成功或失败的期望，其成败体验也不会影响到将来的学习行为。就内在维度而言，如果学习者将成功或失败归因于自身内在的因素（能力、努力、身心状态），学习者可能就会产生积极的自我价值感，进而投入未来的学习活动中，或者会形成消极的自我形象，对成就性任务产生逃避心理；相反，如果学习者将成功或失败归因于外在因素（任务难度、运气、外界环境），则学习结果不会对其自我意象产生什么影响。

教师可以帮助学生了解自己的优点和缺点，并为他们制订切实可行的目标，教学生学会何时完成他们的计划，并且注意学生的归因倾向，让他们将失败归因于缺乏努力，而不是缺乏能力，使他们明白，只要付出努力便会成功的道理。

第三章
边远山区农村初中生学业情绪状况调查及调节

第一节 学业情绪

情绪是每个人都具有的心理现象,是人对客观事物的态度、体验及相应的行为反应,它是人脑的高级功能,情绪反应的是客观事物与人的主观需要之间的复杂关系,情绪的发生是生理与心理、自然与社会、本能与习得等多因素的综合作用。情绪是认知的调节剂,情绪影响着感知觉、记忆、注意的集中程度。初中生正处于青春期,青春期的孩子情绪容易波动,表现为两极性;时而阳光灿烂,心花怒放,满脸吹风;时而阴云密布,愁眉苦脸,暴跳如雷。从情绪对学生成长与发展的影响来看,情绪影响学习和决策、学习成绩等,不稳定的情绪导致初中生在学习方面也影响到学业。中国青少年研究中心与北京师范大学对全国中小学生学习与发展的大型调查(2006)结果显示,因"喜欢学习"而上学的中小学生仅有8.4%。目前,在广大农村,学生厌学现象较为普遍。贵州省义务教育阶段学生厌学问题调研报告(2019)显示:厌学问题相对比较突出的是城郊结合部农民工子女较集中的学校、城市建小区新办学校、中小型乡镇的初中学校;初中学生厌学情况较小学严重;留守儿童、单亲子女、家庭经济贫困的家庭,学生厌学情况相对严重。党的十八大以来,教育部高度重视教育事业,2017年7月国务院办公厅印发了《关于进一步加强控辍保学提高义务教育巩固水平的通知》(以下简称《通知》),《通知》中针对学生辍学的主要原因,提出了"三避免、一落实"的工作举措，即学校、政府以及社会各方要努力避免学生因学习困难、厌学、贫困或者上学远等问题而辍学。贫困和厌学成为当前导致学生辍学的主要因素，而很多农村的初中生可能都面临着这两个问题。教育的真正目的是尊重生命，体现自身的价值，让学生热爱生活，快乐学习。学生的学习过程都有情绪参与，情绪是教育和学习过程中一个不可忽视的重要因素。已有研究表明，积极的情绪可以使学生更长时间的保持阅读兴趣，提高学习动机和努力程度，促进他们更灵活地、创造性地使用学习策略，并有利于学生自我调节学习。防止厌学情绪，调整初中生学习上的情绪，影响着他们的心理和生理健康。而以往教育学、心理学的研究，通常更多关注学生的学习动机、认知过程，而忽视了学生的情绪情感及其在教育情境中的重要作用。因此，对教育情境中学生情绪的了解至关重要。

一、学业情绪的含义

学业情绪（academic emotion）是指学生在学习过程中产生的与学业相关的各种情绪体验，特别是与成功或者失败相关的情绪。兴奋、开心、平静、高兴、满足、自豪、骄傲、失败、难过、沮丧、伤心、焦虑、惭愧、羞愧、失望、气馁、疲倦、厌倦、无助、挫败等心理活动都属于学业情绪。

1998年，美国教育研究联合会召开了主题为"情绪在学生学习与成就中的作用"的学术年会，从而激发了我国心理学家对学生学业情绪的研究兴趣。测验焦虑是研究最早且最具代表性，也是研究最广泛的一种学业情绪。但是，把学业上的情绪作为综合的概念最早是由帕克让（2002）提出的，他认为学业情绪与学业动机、学业自我概念关系密切，这几个概念中的"学业"含义相近，都是指学生在学校中与学习能力、学习行为相关的学习成绩，但学业情绪的范围更广。

俞国良等（2005）率先在国内展开关于学业情绪的研究。结合我国的实际情况，考虑到中学和大学最常见的三种学习场景（上课、做作业和考试），其对学业情绪中的"学业"做了更广泛的划分。学业情绪不仅指学业成功或失败的情绪变化，学生在课堂听课中的情绪变化、课后做作业过程中的情绪波动，以及考试过程中的情绪跌落也属于学业情绪的范围。此定义突出了学业情绪的情境性，即着重描述了学业情绪产生的各种情境。郭龙健等（2012）认为学业情绪是指学生在学习过程中获得学业成功或失败后体验到的各种情绪，包括课堂学习、课后做作业及考试期间所体验到的与学业活动相关的情绪。国内关于学业情绪的定义都是以帕克让等的研究为基础发展而来的。以往研究表明，学业情绪会影响学生的学习兴趣、学业成绩、个人发展、心理健康以及学校和班级的学习环境，具有非常重要的研究意义。

Efklides（2005）提出学业情绪具有三个特征。①学业情绪具有多样性。学生在学习的过程中，会获得各种不同的情绪经验，既包括对认知加工过程监控和调节的情感，也包括直接促进或者延迟学生学习行为的情绪。②学业情绪具有情境性。学生在不同的情境下会产生不同的学业情绪，并且在特定情境下，学生会因以往相似情境下的经验被唤起，而体验到不同的情绪。③学业情绪具有动态性。在学习的过程中，学业情绪会随时产生、隐藏或终止，它会随着学习任务和学习情境的变化而改变①。

二、学业情绪的分类

学生在学习活动中的学业情绪是丰富的，多样化的。

第一种从情绪本身的分类来看，学业情绪分为基本情绪和复合情绪。基本情绪是人与动物所共有的，这些情绪具有本质的区别，具有独立的神经生理机制、内部体验和外部表现，并有不同的适应功能；复合情绪是由基本情绪复合而成的，如嫉妒、满足。例如，法国心理学研究者通过自编学业情绪问卷调查发现学生的学业情绪可界定为六种离散类情绪：愉快、希望、骄傲、焦虑、羞愧和受挫。因为情绪具有复杂性，而学业情绪几乎囊括了所有的情绪体验。因此，只在单一维度上对学业情绪进行划分显然是不全面的，它忽略了情绪表达强度方面的信息。所以，后来的研究者在对学业情绪进行划分时加入了唤醒度（arousal）这一维度。目前，对学业情绪在愉悦度和唤醒度双维度上的划分已得到很多学者的接受和认可。

第二种关于情绪分类的代表性观点是情绪体验的维度观点。其中，罗素（1980）的环状情绪分类是最具代表性的。在这个模型中，一个维度是从高唤醒到低唤醒；另一个维度是从愉快到不愉快。横轴代表愉悦度，纵轴代表唤醒度，

---

① 徐先彩，龚少英．学业情绪及其影响因素［J］．心理科学进展，2009：92–97．

所有的情绪都在这两个维度构成的四个象限中有自己的位置。其他研究者从不同的理论基础出发提出了不同的观点。沃森和特勒根的模型中,纵轴代表正性情绪,表示个体所体验到的正性情绪的强度。横轴代表负性情绪,代表痛苦程度(如恐惧、敌意)以及缺乏痛苦的程度。实际上,在他们表达的意义中,正性情绪并非完全等同于快乐,更接近唤醒度的含义[①]。

第三种关于学业情绪的分类是将学业情绪分为积极情绪和消极情绪。很多问卷就采用了这种划分模式,如 DES,PNANS-R 量表等。另外一些研究者采用了积极情绪、中性情绪与消极情绪的划分方法。积极的情绪促进人们对外界的探索认识活动,提高学习和工作效率,消极的情绪则阻碍人们对知识的认识,降低学习和工作效率。帕特里克(1993)在研究中发现,学生在学习活动中主要经历了四类情绪:积极情绪(兴趣、高兴、放松)、厌倦、痛苦和生气。但是,有学者认为这种分类没有考虑到唤醒度这一维度,而实际上唤醒度高低对认知操作成绩的影响是不同的。后来,帕克让等(2005,2011)将学业情绪分为唤醒(arousal)和效价(valence)两个维度,即唤醒度和愉悦度,效价是双维的,并按这两个维度将学业情绪划分为四种不同类型:积极高唤醒度的情绪(positive-high arousal),如自豪、高兴;积极低唤醒度的情绪(positive-low arousal),如满足、放松;消极高唤醒度的情绪(negative-high arousal),如焦虑、羞愧;消极低唤醒度的情绪(negative-low arousal),如厌倦、无助。在此基础上,他编制了《学业情绪问卷》(简称 AEQ)和测试考前学生情绪的问卷《课堂、学习及考试相关情绪测量表》。他还将学业情绪按其与诱发事件的时间关系划分了不同学习阶段学业情绪的类别,包括:过程性情绪、预期性情绪和结果性情绪,但是他不主张将学业情绪的心境和状态进行分类。根据帕克让划分不同学习阶段情绪的类型来看,以往与学生学习有关的情绪,如焦虑、厌学等情绪研究主要是一些预期性的或结果性的情绪研究(如归因理论),缺少对过程性情绪,如学生享受学习活动的情绪(如愉快)的研究。董妍通过文献分析、访谈和半开放式问卷等方式,并且对高中学生的作文《记忆深刻的一次学习体验》进行了分析,通过访

---

① [美] Michelle N. Shiota, James W. Kalat. 情绪心理学 [M]. 周仁来, 译. 北京:中国轻工业出版社, 2009.

谈对学生作文的分析以及文献参考归纳出我国学生学习情绪的类型，并从效价和唤醒度两个方面编撰了《中国青少年学业情绪问卷》。孙士梅、刘海燕用形容词校核表法研究了青少年的学业情绪，将学业情绪分为悲伤类（失落、抑郁等）、恐惧类（紧张、慌张等）、厌恶类（讨厌、反感等）、焦虑类（焦急、急躁等）、愉快类（得意、兴奋等）、惊讶类（惊奇、吃惊等）。马惠霞根据帕克让等的学业情绪理论，在帕克让区分的9种学业情绪基础上将兴趣作为人先天具有的好奇心、探索的热情加入其中，在访谈、书面调查、参考前人研究结果的基础上确定了10种学业情绪。她将这10种学业情绪划分为四个维度。其中，积极高唤醒维度包括兴趣、愉快、希望三种情绪；积极低唤醒维度包括自豪和放松两种情绪；消极高唤醒维度包括羞愧、焦虑、气愤三种情绪；消极低唤醒维度包括失望和厌烦两种情绪。

情绪是复杂的，而作为几乎囊括所有情绪体验的学业情绪，也是多维度、多层次的。另外，因为情绪的不稳定性，在很大程度上人们难以确定情绪、学习事件的关系，是先前情绪引起了当前的学习事件，还是当前事件引起了学业情绪，或者说二者是相互影响的。因此，李磊、郭成建议在对学业情绪进行划分时加入稳定性这一维度。这样看来，虽然研究者们对学业情绪的二维划分表示接受，但是并不完善，其中仍然存在着局限性，这就激励人们今后对学业情绪的结构进行更深入的探讨与研究。

三、学业情绪的理论

（一）归因理论

能力、努力、任务难度和运气是最常见的几种归因方式。能力是内在和稳定的，努力是内在但不稳定的，任务难度是外部和稳定的，运气是外部和不稳定的。韦纳将认知和情绪理论与归因理论整合起来，提出了归因思考起重要作用的成就动机和情绪理论。韦纳认为人们归因的模式影响人们如何感受自己的情感以及行动的结果，不论人们达到目标与否，都会影响情绪体验。

韦纳认为，动机离不开兴趣，兴趣是个体的认识需要的情绪表现，是经常推动认识的机制，是个体活动动机的重要方面，它使个体积极地寻找满足认识需要的途径和方法。个体的动机系统除了能够被意识的部分外，还有无意识的部分。被意识的动机系统和无意识的动机系统共同构成了个体完整的、有层次的动机系统，二者之间是彼此联系、能够相互转化的关系。在无意识的动机系统中，具有重要意义的心理形式是定势和意向。韦纳把情感分为依赖结果的情感和依赖归因的情感，而情绪的各种状态，如愤怒、怜悯和自豪等被综合于动机的归因理论中。不同的情绪产生于不同的归因，并称为依存于归因的情绪。例如，归因于教师教学质量差所导致的学业失败会引发生气的情绪体验，归因于缺乏努力所导致的学业失败会引发羞愧的情绪体验。基于内部因素，如人格、能力和努力的内部归因会增加或减少一个人的自尊，而外部归因不会影响人对自身的情绪。

研究发现，归因方式受文化因素的中介影响作用（Betancourt & Weiner, 1982; Salili, Hwang & Choi, 1989）。中国文化价值的核心是孔子教育哲学，个人的生命是家族荣誉的延续。因此，个人最重要的目标之一是使他的家族兴旺地延续下去，通过努力和坚持得来的成绩能够受到高度重视，并且努力学习和取得超出个人能力的成绩被认为是一种优良品质。

（二）认知－动机理论

帕克让（1992）提出了认知动机模型用以说明学业情绪对学业成就的影响作用。该理论认为，情绪能激发学习者的学习动机，提供其生理能量，同时影响到个体注意资源的选择和认知加工，即在学业情绪影响学业成就的过程中，学习动机、学习策略以及认知资源等变量起到至关重要的中介作用。学业情绪会影响对信息的存储和提取、信息加工的选择以及有限的注意资源等。首先，学业情绪对信息存储和提取的影响主要表现在记忆和情绪的相关研究中，能够直接影响学习和成就所要求的信息提取过程。其次，学业情绪能够提高或阻碍信息的存储和提取，这一影响又会作用于学业动机的形成，这样学业情绪又会间接影响学习和成就。学业情绪的认知效应还表现在对信息加工策略的选择上，不同的情绪状态会使人们采取不同的解决问题模式。在积极的情绪下，人们发散思维的质量和数量都会增加；消极的情绪有助于提升需要进行分析、集中于细节的信息方式。人们的注意资源有限，焦虑等一些不良情绪会占用更多的注意资源，占用工作记忆的容量，导致其容量不足以致不能完成当前任务。因为人们需要注意资源，一些类型的情绪可能阻碍控制性认知加工。然而，不同的情绪可能引发不同的与任务无关的认知，这样它们可能对认知加工的影响也不相同。消极情绪可能更容易引发与情境相关的精细加工，但是这些加工与当前任务并没有关系。因此，当完成一项复杂认知任务的学习时，强烈的消极情绪对学业成绩是非常不利的。这种消极情绪不仅包括焦虑，也包括难过、失望和生气等。

（三） 社会－认知理论

社会－认知理论主要描述影响学业情绪的因素。该理论认为，在环境对学业情绪的影响过程中存在着认知评估这个中介变量。个体对环境的认知评估主要包括对完成学习任务的主观控制感以及对学习任务重要性的价值评价这两个核心内容。影响认知评估的前因变量主要有：教学（instruction）、自主与控制（autonomy support）、期望与目标（expectations + goal structure）、成果反馈（feedback of achievement）以及人际支持（relatedness support）（Pekrun，2002）。1954 年，美国心理学家 M. B. 阿诺德提出情绪的评论－兴奋学说。她认为情绪与个体对客观事物的评价是相联系的，这种评价是在大脑皮层上进行的。情绪的来源是对情景的评估，而认识与评估是皮层过程，因此皮层兴奋是情绪产生的主要原因。通过脑电扫描器记录大脑不同部位电位差的变化，人们发现焦虑时 α 波消失，而 β 波出现，证实大脑对焦虑确有制约性。人们注意到，焦虑时呼吸、循环、内分泌、消化等系统均有明显变化，原因在于大脑皮层通过自主神经系统影响了这些器官的神经元，进而引起普遍的神经兴奋和泛化效应，造成神经功能的亢进。同时，学生的情绪又会影响环境。例如，学生的积极情绪可能鼓励他们的指导者更热情地开展教学活动，从而提高课堂的教育质量。总之，环境与学业情绪两者之间的关系是互为因果的，环境对学业情绪的影响包括直接作用（情绪感染和替代性经验）和间接作用（影响学生的控制和价值评价），重要的社会环境因素包括父母、教师和同伴。

（四） 控制－价值理论

帕克让先后提出了学业情绪的认知－动机模型和社会－认知模型，用来分别解释学业情绪是如何影响学业成就以及学业情绪是如何产生的。2006 年，帕克让在整合上述两个理论的基础上，基于学业情绪与其前因和后果之间可能存在的循环关系又提出了完整的学业情绪的控制－价值理论。该理论主要涉及环境变量、控制感和价值评估、学业情绪、学业成就四个变量。其中，环境变量主要包括五类，分别是教学（instruction）、价值归纳（value induction）、自主性支持

（autonomy support）、目标结构和期望（goal structures + expectations）、成就反馈与结果（achievement - feedback, consequences）。而这些环境因素会以控制感（如自己能否掌握学习内容）和价值评估（如学习任务重要性和有用性）为中介变量引发学习过程中的学业情绪，从而进一步影响学生的学业成绩。同时，学业情绪又反馈影响各种前因变量。这种相互影响可以形成积极的反馈链：愉快的学习情绪和对学习知识的掌握可以相互促进，相互强化；然而，也能产生消极的反馈链：过度的考试焦虑导致学习效率低，自我控制感下降，而低的行动控制预期反过来又会导致更严重的考试焦虑。

对控制感和价值的评估是一种认知评价，是可以改变的。因此，学业情绪是可以调节和管理的。控制－价值理论认为调节情绪可以从以下几个方面进行：直接将重点放在学业情绪的成分上（以情绪为导向的调节；将注意力集中在情绪，如用放松的技术或用药物让情绪消失）；将重点集中在情绪产生的前提条件上（以改变认知评价为导向的调节，重构预期和归因）；将重点集中在提高学习成就上（问题导向的调节，如获得学习技巧）；试图改变影响控制感和价值的环境（降低任务的难度，如放弃一门课程）。对控制感和价值的评估有时是潜意识的，因此基于评估基础上的情绪的产生也可以习惯化和自动化，单纯的情境知觉就可以充分的唤起这些情绪。例如，一个学生一走进教室就感到焦虑，一参加某个活动就感到紧张。改变习惯性的学业情绪，打破程序图式、改变认知评估是非常关键的一步。

四、学业情绪的影响因素

青少年学业情绪受多种因素影响，学业情绪往往与学业过程以及周围影响因素的认知和评价有关。学业的体验有来自自身的，个人对于成功的追求，自我能力的判断；也有来自周围评价的，尤其是同学评价、父母评价以及老师评价；还有家庭的教育及其客观情况。

（一）学校因素

1. 班级环境

积极向上的情感、轻松愉快的学习氛围，会缓解学生的学习焦虑。释放学生的学习压力，将有效地促进学生的成长性学习，从而为培养他们的积极学业情绪提供有利条件。如果学生认为课堂气氛紧张，害怕说错话而被嘲笑、批评，他们就不敢大胆地发表看法，不敢畅所欲言，这就不利于培养学生的积极学业情绪，不利于学生之间、师生之间深入讨论、沟通，甚至不利于学生形成开朗、积极向上的性格。李丁丁（2012）通过研究发现初中班级中，班级社会心理环境与学业情绪有直接相关性，积极高、低唤醒以及消极高唤醒在环境较差的班级作用凸显，而消极低唤醒随班级环境的恶化反而增加。刘文雯（2014）以小学生为研究对象发现，班级环境在家庭环境和小学生的学校适应直接起到中介作用，班级环境中的师生关系和同学关系方面正向预测学校适应中的生活适应、学习适应、人际适应和学校喜欢四个方面，学习负担可以正向预测学校适应中的学校回避问题。马侨阳（2017）对小学四年级至六年级的学生进行的研究发现，小学中高年级学生的学校心理环境与学业情绪之间具有极高的相关性。学生感知到的学校心理环境中的公平与公正、接纳与支持、鼓励自主与合作的三个维度积极学业情绪显著正相关；学生感知到的学校心理环境总分与积极学业情绪显著正相关。王庆玲（2019）通过对农村小学生的调研发现，良好的班级环境可以缓解小学生在学习过程中遇到的各种不良情绪，即和谐融洽的班级环境作用于学生学业情绪。良好的班级环境中必定拥有和谐的同伴关系、融洽的师生关系和良好的秩序与纪律。学生与老师在这样的环境中，精神上会感到愉悦，学生获得爱与归属感的满足，班集体呈现关怀、和谐、友善的氛围。因此，学生受到的表扬多于批评，就算在遇到突发事件时，内心的焦虑感和恐惧感也不会很强烈。反之，如果班级环境很差，师生关系和同伴关系紧张，班集体杂乱无序，学生无组织无纪律，在这样的班级中学生不能愉快地学习和生活，必然会体验到消极的情绪。由于农村教师整体素质不高，对自己掌握的知识不能运用合理的方法和先进的教育理念传授给学生，更不用谈变通和课改，这样就使得农村校园文化缺乏。

2. *教师教学方法态度*

马惠霞等研究证明，由教师通过讲授、板书及教学媒体的辅助，把教学内容传递给学生的传统教学法对学生的学业情绪的激发和调节没有显著的影响，生动活泼的教学活动可使学生的正性情绪有所提高，负性情绪有所下降。农村教师队伍整体教学水平不高，学历层次较低而且老龄化严重，教育观念陈旧，教育方法落后，知识的更新速度慢，教学手法单一，再加上农村学校比较分散，交通又不方便，农村缺少资金没办法对老师进行系统的培训，面对突如其来的新课程改革不知应该怎么做，陷入困境，许多农村教师只好对教育换汤不换药，只是简单口头上应付课程改革，并不能达到真正课改的目的。平时对于学生的教育只是硬性的教育，题海战术等落后的教学方法以及只重分数的态度给学生带来了沉重的精神负担。一些学习的压力、考试的压力随之而来，对学生的心理造成严重的危害，厌学情绪由此产生。

3. 教师领导方式

由于青少年自我意识的发展，他们希望老师用尊重、理解和支持的态度对待他们，这就涉及教师的领导方式。教师的领导方式主要分为民主型、权威型和放任型。陆桂芝等的研究发现这三种教师领导方式都对初中生的学业情绪有显著的预测作用。民主型教师宽松、自由，以学生为中心的领导方式更容易使中学生产生积极的学业情绪，较少的产生消极的学业情绪。权威型即以教师为中心，权威型领导方式管理下的学生最容易体会消极的学业情绪。放任型即对学生的学习生活放任自流，在这种领导方式下，学生很少能体会到积极的、愉快的学业情绪，更多地体会到的是焦虑或者无助的消极学业情绪。但是，由于有些教师缺乏教育理论，对教育规律和学生发展变化的特点掌握不准确，仍然用对待小学生的态度来对待中学生。另外，还有一种现象在普通中学非常普遍，就是教师为了追求升学率，只把精力放在少数尖子生身上，使学习成绩一般和较差的学生备受冷落，他们不但得不到教师的尊重，甚至还会受到贬低和呵斥，使其自尊心遭到挫伤，产生消极学业情绪。

除此之外，不同学科之间的学业情绪相关很低，也就是说如果学生在某一学科体验到高兴情绪，而在其他学科未必体验到相同的情绪，Goetz 等（2006）的研究证明了这一点：学习内容不同，学生体验的学业情绪也会有所差别，学生对于感兴趣的学科会主动学习并产生积极的学业情绪，体验到学习的快乐；对于不感兴趣的学科，学生会感到厌倦甚至乏味，影响学习进程。这种低相关关系会随着年级的升高而变得更低，但是不同学科焦虑情绪间的相关程度要比不同学科间高兴以及厌倦情绪的相关程度高。

(二) 家庭因素

1. 家庭系统

家庭作为学生成长过程中最为重要的环境因素，对学生学业情绪的影响是显而易见的。不但儿童在每天具有固定家庭生活的时期（如小学或初中阶段），其家庭矛盾会引起学生学业情绪的改变，即便是已经离开家庭的大学生，家庭环境因素也会有同样的作用。家庭的经济状况、父母职业及受教育水平、家庭社会经济地位等都会影响青少年的学业情绪。家庭经济压力和家庭经济约束会使学生产生学业抑郁情绪，亲子共读、家庭活动、家庭中书籍材料数量等良好的家庭学习环境会影响学生的学业情绪。但是，当没有这些家庭资源时，能够与父母较长时间相处或者具有良好适应能力，即心理弹性高的青少年可能会取得较好的学业成就，他们对于学习也会有更积极的情绪和态度。随着经济社会的不断发展，农村偏远山区对经济效益的追求，父母亲大部分都去大城市打工挣钱，无法陪在孩子身边，孩子成为留守儿童，父母连子女的生活问题都无暇顾及，更不要说子女的教育问题了，亲子共读、家庭活动更无法实现，良好的家庭教育氛围无从谈起。

2. 父母情绪

父母的情绪特点，如父母情绪表达和情绪调节的能力以及使用情绪词汇的数量，对青少年学业情绪的产生和调节也有着重要影响。如果父母情绪调节能力较低，父母在教育孩子的过程中，就很难给予孩子积极的情绪反馈，更难给予孩子学业情绪调节策略的指导。正如网络所描述的那样："不写作业，母慈子孝，连搂带抱。一写作业，鸡飞狗跳，又吵又闹"。无论是从遗传还是榜样的力量的角度，其子女也很难具有较高的社会行为、情绪表达和调节能力。

3. 父母的教养方式

有关父母教养方式的早期研究发现，被父母接受的儿童通常情绪稳定、兴趣广泛，富有同情心和自信心；被父母拒绝的儿童大都情绪不稳定、冷漠、叛逆；受支配的儿童会表现出依赖、顺从、缺乏自信心；支配父母的儿童一般更具独立性和攻击性。王敬群等的研究表明，父母的情感温暖、理解与子女的焦虑有显著负相关，父母惩罚严厉、过分干涉保护、拒绝否认、偏爱与子女的焦虑有显著正相关。Muris 等的研究表明，消极的父母教养方式是青少年抑郁的主要根源。郭兰婷等对中学生抑郁情绪的研究结果表明，父亲和母亲的情感温暖、理解与子女

Beck 抑郁问卷（Beck Depression Inventory，BDI）的平均得分呈负相关，而父母的严厉惩罚、过分干涉、拒绝和否认、过度保护都与子女 BDI 的平均得分呈正相关。权威型教养家庭中，亲子关系对孩子认知能力发展的影响受到儿童自己的情绪性和父母亲切、鼓励、积极反馈等教养行为的作用。同时，父母对于儿童活动间接的引导有助于其独立性思维能力的发展。对白人与黑人成就差异的纵向研究中发现，家庭早期的经济地位、父母的认知能力、社会关系会影响家庭中的教养行为，从而对其孩子的认知能力具有累积作用，最终导致白人与黑人儿童、青少年认知能力之间存在明显差异。

父母对学习活动价值的评价也会通过影响学生的价值评价来影响其学业情绪。例如，父母认为"学好英语这门课程是最重要的"，这种价值评价就可能被孩子内化为自身价值评价的一部分，他们对英语学习就可能产生更多的兴趣，在英语学习中取得成功时体验到更多的正性情绪。这些研究进一步说明，即使影响学业情绪的一些自身因素（如认知能力），也不可避免地受到家庭微系统的影响。

（三）个人因素

"知之深，爱之切，行之坚"学业情绪受学生自身的认知特点，自我意识以及人格特质的影响。

1. 成就目标

成就目标是对完成任务或活动的过程具有认知的追求计划，是个体追求或回避任务的认知表征，学业任务这种成就目标必然伴随一定的学业情绪。鲁朋举通过对中学生研究发现：任务趋近目标与高兴、希望和满足等积极唤醒情绪正相关，与厌倦、无助等消极情绪负相关，但与自豪、焦虑和恼火关系不大；任务回避目标与积极高唤醒、消极高唤醒、消极低唤醒情绪正相关，与积极低唤醒负相关；比较趋近目标主要与消极高唤醒情绪正相关；比较回避目标与积极情绪负相关、与消极情绪正相关；社会趋近目标与积极高唤醒、消极高唤醒情绪正相关；社会回避目标与消极情绪正相关。

2. 自我效能感

个体对于自我效能感的评价影响个体的动机强度，进而影响个体的行动力，无论是学习能力自我效能感还是学习行为自我效能感都和学业情绪存在显著的相关性。通常，自我效能感高的学生体验到的消极情绪较少，而且较少分化；自我效能感低的学生往往会产生羞愧的情绪体验，而具有羞愧情绪的学生一般不会对自己成绩的落后进行积极的或者正确的归因，因而会将成绩的落后归于自身的能力不行，而不是努力不够或者其他原因。

3. 其他个体因素

学业自我概念是学生对于自己在学习过程当中的能力和学业成就的知觉和评价，学业自我概念不同，体验到的情绪就不相同。以往研究表明：自我概念与积极的学业情绪呈显著正相关，与消极学业情绪呈负相关，但是不显著，学业自我概念评价中间水平的学生体验到更多的生气情绪。

学业情绪在性别、年龄上也存在一定的差异，女中学生的焦虑等消极学业情绪得分普遍高于男生，但是这种现象并不明显。中学生学业情绪存在显著的年级差异，积极高唤醒、消极高唤醒、消极低唤醒学业情绪随着年级的升高而增加，消极低唤醒学业情绪随着年级的升高而降低。初中生的积极学业情绪高于高中生，消极学业情绪低于高中生。可见，随着年龄的增长和学习过程的不断发展变化，以及随着认知能力、社会经验的不断累积，学生所体验到学习上的情绪也会有所变化，而学业情绪的变化也会改变学生对于学业的评价和认知。

研究表明，高认知能力的学生在考试过程中会体验到高兴情绪，而低认知能力的学生在考试的过程中则更多体验到生气和焦虑情绪，中等认知能力的学生则在考试过程中会体验到无聊情绪。他们认为高认知能力通常会带来高学业成就，而高学业成就会使得认知能力高的学生对于考试结果具有积极的预期，从而使得他们在考试过程中产生积极的学业情绪。实际上，家庭及父母对孩子学业情绪的影响正是通过其认知能力发挥作用的。

五、学业情绪研究意义

（一）良好的学业情绪有助于学生认知活动的开展

情绪和智力的发展有密切的联系。积极的情绪会促进思维的流向，能推动人们对知识的吸取和对真理的探求，提高认知过程的质量和效率；情绪消极时，认知的过程也是消极的。顺利开展学习是一种认知活动，特别是良好的学业情绪是学生学习过程中认知活动顺利开展的有力保证。另外，有许多研究证明，情绪对记忆效率有很大影响，在愉快或沮丧的状态下，记忆效率有极为明显的差异。人们首先从感官接收信息，感觉信号投射到丘脑；然后发送信息到不同的大脑系统来处理，包括思考中心皮层，信号经皮层处理后，传到杏仁核，做出进一步的情绪反应。同时，丘脑把信息发送到杏仁核来评估这个输入是否包含危险与威胁。信息从丘脑到杏仁核的这条路径的传递速度快速但不精确，杏仁核对皮层的影响比皮层对杏仁核的影响更显著。当我们应对恐惧时，丘脑到杏仁核的这条快速路径，使人们的大脑迅速清楚地知道危险范围，指挥身体作出战斗或逃跑的反应。根据资源有限理论，人们可利用的认知资源总是和唤醒联系在一起的，其认知资源的数量可随各种情绪等因素的作用而变化。Frederickson（1998）指出积极情绪能影响认知连接的广度，从而能让人在创在性思维的测量中获得更好的成绩。她认为积极情绪的影响可以引发更好的技能和创造力，探索性和整合知识容量。另外，Frederickson和Branigan（2005）最新的研究发现，积极情绪能提高注意的广度、整体性思维和想象中的行动反应。因此，当学生处于愉快等积极低唤醒情绪状态的时候，对学生的注意、记忆、判断、推理等认知活动起的促进作用最大，进而能够显著提高学生的学业成绩；高唤醒的情绪状态，不论是积极的还是消极的，其实对学生的认知活动都有一定的阻碍作用。特别是消极高唤醒情绪在实际生活中的多数情况下，具有不同程度的破坏性，对一个人的学习是不利的。被消极激情支配的人往往不能集中自己的注意力，读书、写作、听课时常常心不在焉，这往往会降低或失掉理智的作用和自制力，不能约束自己的行动。强烈的激情有时还会引起人体内部功能失调，有损身体健康。

（二）良好的学业情绪有助于学生形成积极主动的学习态度

学业情绪影响学生的学习动机。当一个学生处于一种积极的情绪状态时，他就会变得乐于学习、善于学习，就会对学习产生浓厚的兴趣。可以说，良好的学业情绪是提高学生学习兴趣的中介变量，而缺乏学习兴趣恰恰是影响我国儿童、青少年进一步发展的一个"瓶颈"。在倡导终身学习的今天，培养学生良好的学业情绪，进而使学生主动对学习产生兴趣更显得重要。兴趣是一切活动的基础，要使学生形成主动学习的态度，就必须培养学生良好的学业情绪，提供一个良好的学习气氛。现代心理学认为，主体参与性是促进学生学习的原始性机制。建构主义也告诉我们，企图从外部对学生注入知识是很难奏效的，真正有效的教育应建立在学生主动理解的基础上。因此，只有让学生成为课堂教学活动的主体，才能使学生在教学活动中分享应有的权利，承担相应的义务。而学生成为课堂主体的前提是必须调动学而不厌的主观能动性，使学生有意识、有兴趣、有责任地去参与教学活动，最终使学生变"厌学"为"乐学"。

（三）良好的学业情绪有利于建立良好的师生关系

情绪在人际关系中起着枢纽作用，积极的情绪能够帮助中学生和同学、教师有效地进行沟通，从而更好地生活、学习。在中小学的调查研究中我们发现，很多学生产生严重的厌学情绪与不良的师生关系有着密切的关系。在现实生活中，由于与某位任课教师发生冲突，导致讨厌学习某学科的现象比比皆是。更为严重的是，学生会因此开始厌倦所有教师，甚至所有跟学习有关的活动，产生"学校恐怖症"。此外，教师的厌教情绪也会在潜移默化中通过各种途径感染学生，影响学生学习的积极性。根据马斯洛的需要层次学说，人都有归属和爱的需要以及尊重的需要，学生作为独立的个体，他们也同样需要教师的关爱与尊重。因此，如果教师能够在学习过程中给予学生积极的鼓励，让学生有成功的情绪体验，在评价中给予建设性的评语，用心跟学生进行沟通、交流，会有助于学生形成良好的学业情绪，进而提高学业成绩。同时，具有良好学业情绪的学生也一定会体会到教师的真诚和期望，进而与教师建立起良好的师生关系。可以说，良好的学业情绪与良好的师生关系是相辅相成的。

（四）良好的学业情绪有利于学生身心健康发展

教育教学的目的，是使学生在身心两方面获得健康全面的发展。1989年世界卫生组织宪章中指出，健康不仅仅是身体没有缺陷和疾病，而是身体上、精神上和社会适应上的完好状态。这个定义明确提出了健康的定义和标准，即健康不仅仅是传统意义上的不生病，而是生理、心理和社会适应等几个方面的统一体。情绪活动不仅是一种心理活动，也是一种生理活动，情绪的变化会引起一系列的生理变化，如肌肉、心率、血压、呼吸等。毋庸置疑，良好的情绪状态是身心健康的标准之一。当一个人处于良好的情绪状态时，有机体内部环境平衡，多种腺体的分泌活动处于适度平衡使人感到身心愉快；当一个人处于不良的情绪状态时，伴随出现的心理状态是抑郁、焦虑、愤怒、恐惧和痛苦等，如果反复出现这种状态，就会扰乱人的正常生理过程，可能成为致病因素。另外，中学生走过快乐的童年，进入青少年阶段，生活、学习中各种压力和挫折纷至沓来，但是这又是每一个人所必须经历的。当挫折不可避免时，如何处理抑郁等各种情绪就极为关键。因此，情绪教育对中学生来讲十分重要，可以让他们自如地处理各种不良情绪；从长远来看，还可以预防由于长期的挫折带来的人格异常，保证中学生心理的健康发展。

第二节 边远山区农村初中生学业情绪状况的调查与分析

一、研究方法

（一）研究对象

以吉林省东南部边远山区的农村初中生为调查样本学校，根据学校的规模（班级数、学生数）按一定比例抽取七年级至九年级学生为调查对象，采用网络调查形式，发送和回收网络问卷均为940份，回收率为100%；其中有效问卷846份，有效率为90%。调查对象的具体情况为：男生459人，女生387人；七年级378人，八年级366人，九年级102人；班级干部218人，普通同学628人；来自正常（健全）家庭的学生有584人，单亲家庭的有127人，属于留守初中生的135人；父母参与孩子学习的占492人，不参与孩子学习的占354人。

（二）研究工具

本调查运用的问卷是俞国良、董妍根据Pekrun对学业情绪的分类，并结合我国的文化背景和青少年学生的特点，在2007年编制的《青少年学业情绪问卷》，此问卷共包括四个分量表，其中积极高唤醒情绪（自豪、高兴、希望）16个项目、积极低唤醒情绪（满足、平静、放松）14个项目、消极高唤醒情绪（焦虑、羞愧、生气）17个项目、消极低唤醒情绪（厌倦、无助、沮丧、疲乏）25个项目；问卷一共72道题，每个题目的分值在1~5分。通过分析研究得出，正性情绪与积极学业之间呈正相关的关系，与消极学业之间呈负相关的关系；而负性情绪与消极学业之间呈正相关的关系，与积极学业之间呈负相关关系。学业情绪四个分问卷的克隆巴赫系数（Cronb'achα）分别为 0.785，0.815，0.833，0.915，分半信度分别为 0.71，0.78，0.79，0.82。相关显著性均达到 0.01 水平。由此这一量表的效果和可信度是较高的。

（三）研究程序与数据处理

本研究以班主任作为主试，通过相同的测量工具进行网络问卷调查。网络问卷通过问卷星编辑，班主任在班级群中发放，要求被试独立阅读指导语，认真作答。调查结束后，对问卷进行筛选整理，剔除无效问卷。采用 SPSS 21.0 软件进行数据处理，采用描述性统计、独立样本 t 检验、方差分析等方法进行统计分析。

二、研究结果

（一）边远山区农村初中生学业情绪状况

1. 边远山区农村初中生学业情绪状况整体状况

为了能够对边远山区农村初中生学业情绪整体水平及各个维度的目前状况进行直观分析，采用描述统计方法进行分析，积极高唤醒情绪中自豪的平均分是（2.725±0.873）分，高兴平均分是（3.608±0.754）分，希望的平均分是（3.772±0.815）分；积极低唤醒情绪中满足的平均分是（2.825±0.802）分，平静的平均分（3.482±0.874）分，放松的平均分是（3.124±0.921）分；消极高唤醒情绪中焦虑的平均分是（2.782±0.728）分，羞愧的平均分是（2.765±0.757）分，生气的平均分是（2.727±0.625）分，消极低唤醒情绪中厌倦的平均分是（2.424±0.940）分，无助的平均分是（2.479±0.911）分，沮丧的平均分是（2.579±0.848）分，心烦-疲乏的平均分是（2.285±0.883）分。

2. 边远山区农村初中生学业情绪在各人口统计学变量的差异状况

为掌握学业情绪在各人口统计变量上的差异，采用了独立样本 t 检验和单因素方差分析的方法。

1）边远山区农村初中生学业情绪在性别上的差异比较

通过对不同性别边远山区农村初中生学业情绪进行统计分析，分析结果见表 3-1。

表 3-1　边远山区农村初中生学业情绪在性别上的差异（$M \pm SD$）

维　度		性　别		t	p
		男	女		
积极高唤醒	自豪	2.747 ± 0.867	2.697 ± 0.887	0.829	0.407
	高兴	3.510 ± 0.773	3.736 ± 0.706	-4.426***	0.000
	希望	3.692 ± 0.850	3.879 ± 0.761	-3.34***	0.000
积极低唤醒	满足	2.814 ± 0.795	2.835 ± 0.812	-0.383	0.702
	平静	3.402 ± 0.879	3.583 ± 0.862	-3.005**	0.003
	放松	3.077 ± 0.885	3.187 ± 0.958	-1.734	0.083
消极高唤醒	焦虑	2.767 ± 0.715	2.796 ± 0.748	-0.558	0.577
	羞愧	2.754 ± 0.758	2.775 ± 0.758	-0.400	0.689
	生气	2.694 ± 0.619	2.767 ± 0.631	-1.688	0.092
消极低唤醒	厌倦	2.368 ± 0.971	2.089 ± 0.881	4.343***	0.000
	无助	2.520 ± 0.934	2.429 ± 0.923	1.443	0.149
	沮丧	2.580 ± 0.857	2.584 ± 0.845	-0.064	0.949
	心烦-疲乏	2.351 ± 0.909	2.201 ± 0.844	2.476	0.013

注："**"代表 $p<0.01$；"***"代表 $p<0.001$。

从表 3-1 可以看出，在性别变量上，男女生除积极高唤醒中的高兴、希望维度，积极低唤醒中的平静维度和消极低唤醒中的厌倦维度差异显著外，其他维度差异均不显著。在积极情绪上，女生的高兴、希望、平静维度得分均显著高于男生，男生在消极低唤醒当中的厌倦维度得分显著高于女生。

2）边远山区农村初中生学业情绪在年级上的差异比较

通过对不同年级边远山区农村初中生学业情绪进行统计分析，分析结果见表 3-2。

表 3-2　边远山区农村初中生学业情绪在年级上的差异（$M \pm SD$）

维　度		年　级			F	p
		七	八	九		
积极高唤醒	自豪	2.712 ± 0.921	2.776 ± 0.834	2.584 ± 0.842	1.980	0.139
	高兴	3.755 ± 0.720	3.524 ± 0.743	3.409 ± 0.802	13.497***	0.000
	希望	3.891 ± 0.833	3.729 ± 0.754	3.530 ± 0.898	9.197***	0.000

续表

维　度		年　级			F	p
		七	八	九		
积极低唤醒	满足	2.915±0.796	2.804±0.791	2.555±0.812	8.442***	0.000
	平静	3.610±0.903	3.387±0.855	3.368±0.787	7.177**	0.001
	放松	3.250±0.938	3.080±0.902	2.845±0.845	8.751***	0.000
消极高唤醒	焦虑	2.738±0.736	2.840±0.720	2.724±0.734	2.165	0.115
	羞愧	2.700±0.780	2.816±0.755	2.811±0.670	2.388	0.092
	生气	2.678±0.636	2.786±0.623	2.699±0.582	2.920	0.054
消极低唤醒	厌倦	2.074±0.946	2.363±0.931	2.418±0.864	11.126***	0.000
	无助	2.329±0.904	2.571±0.917	2.698±0.849	10.097***	0.000
	沮丧	2.511±0.852	2.637±0.837	2.650±0.876	2.427	0.089
	心烦-疲乏	2.151±0.910	2.385±0.851	2.402±0.834	7.742***	0.000

注："**"代表$p<0.01$；"***"代表$p<0.001$。

由表3-2可见，除积极高唤醒中的自豪维度、消极高唤醒、消极低唤醒的沮丧维度年级差异不显著，其他维度均存在显著差异。经LSD事后多重比较结果表明，七年级积极高唤醒中的高兴维度、希望维度和积极低唤醒中的平静维度得分显著高于八、九年级，八年级和九年级得分差异不显著；七、八年级在积极低唤醒的满足维度、放松维度得分差异不显著，显著高于九年级；七年级消极低唤醒中的厌倦维度、无助维度和心烦-疲乏维度得分显著低于八、九年级，八年级和九年级得分差异不显著。

(3) 边远山区农村初中生学业情绪在是否为班级干部上的差异比较

通过对是否为班级干部的边远山区农村初中生学业情绪进行统计分析，分析结果见表3-3。

表3-3　边远山区农村初中生学业情绪在是否为班级干部上的差异（$M±SD$）

维　度		是否为班级干部		t	p
		是	否		
积极高唤醒	自豪	2.900±0.930	2.663±0.849	3.459**	0.001
	高兴	3.938±0.706	3.501±0.734	7.650***	0.000
	希望	4.133±0.716	3.654±0.812	7.732***	0.000

续表

维 度		是否为班级干部			
		是	否	t	p
积极低唤醒	满足	3.191±0.796	2.696±0.765	8.136***	0.000
	平静	3.827±0.868	3.366±0.847	6.878***	0.000
	放松	3.540±0.895	2.984±0.885	7.971***	0.000
消极高唤醒	焦虑	2.647±0.724	2.867±0.727	-3.151**	0.002
	羞愧	2.492±0.741	2.858±0.741	-6.286***	0.000
	生气	2.628±0625	2.762±0.622	-2.726**	0.007
消极低唤醒	厌倦	1.851±0.818	2.375±0.944	-7.299***	0.000
	无助	2.131±0.855	2.599±0.902	-6.678***	0.000
	沮丧	2.390±0.797	2.649±0.858	-3.904***	0.000
	心烦-疲乏	2.048±0.796	3.364±0.897	-4.603***	0.000

注："**"代表 $p<0.01$；"***"代表 $p<0.001$。

由表3-3可见，在是否为班级干部的变量上，无论是积极高唤醒、积极低唤醒还是消极高唤醒和消极低唤醒得分差异均显著，班级干部的学业积极情绪显著高于普通同学的学业积极情绪，班级干部的学业消极情绪显著低于普通同学的学业消极情绪。

（4）边远山区农村初中生学业情绪在不同家庭模式上的差异比较

通过对不同家庭模式边远山区农村初中生学业情绪进行统计分析，分析结果见表3-4。

表3-4 边远山区农村初中生学业情绪在不同家庭模式上的差异（$M±SD$）

维 度		家 庭		模 式		
		健全	单亲	留守	F	p
积极高唤醒	自豪	2.739±0.895	2.652±0.752	2.657±0.837	0.568	0.567
	高兴	3.668±0.723	3.414±0.858	3.201±0.744	12.501***	0.000
	希望	3.840±0.793	3.456±0.874	3.495±0.822	12.699***	0.000
积极低唤醒	满足	2.880±0.793	2.561±0.792	2.513±0.807	10.627***	0.000
	平静	3.542±0.863	3.232±0.924	3.141±0.800	9.258***	0.000
	放松	3.182±0.910	2.942±0.927	2.678±0.909	8.861***	0.000

续表

维 度		家 庭		模 式		
		健全	单亲	留守	F	p
消极高唤醒	焦虑	2.746 ± 0.710	3.003 ± 0.859	2.832 ± 0.657	5.492**	0.004
	羞愧	2.735 ± 0.740	2.928 ± 0.814	2.858 ± 0.863	3.177*	0.042
	生气	2.721 ± 0.619	2.761 ± 0.664	2.757 ± 0.648	0.231	0.794
消极低唤醒	厌倦	2.167 ± 0.918	2.564 ± 0.985	2.680 ± 0.943	13.286***	0.000
	无助	2.420 ± 0.900	2.773 ± 0.969	2.748 ± 0.849	8.651***	0.000
	沮丧	2.538 ± 0.831	2.811 ± 0.903	2.768 ± 0.945	5.616**	0.004
	心烦-疲乏	2.214 ± 0.856	2.608 ± 0.908	2.636 ± 1.002	12.723***	0.000

注:"*"代表 $p<0.05$;"**"代表 $p<0.01$;"***"代表 $p<0.001$。

由表 3-4 可见,除积极高唤醒中的自豪维度、消极高唤醒中的生气维度得分差异不显著外,其他维度得分差异均显著。经 LSD 事后多重比较得出,除了积极高唤醒中的自豪维度外,健全家庭学生积极学业情绪得分显著高于单亲家庭学生和留守学生,单亲家庭和留守家庭学生得分差异不显著;除了消极高唤醒中的生气维度外,健全家庭学生消极学业情绪得分显著低于单亲家庭学生和留守学生,单亲家庭和留守家庭学生得分差异不显著。

(5) 边远山区农村初中生学业情绪在家长是否参与辅导上的差异比较

通过对家长是否参与辅导教育边远山区农村初中生学业情绪进行统计分析,分析结果见表 3-5。

表 3-5 边远山区农村初中生学业情绪在性别上的差异 ($M±SD$)

维 度		性 别			
		参与	不参与	t	p
积极高唤醒	自豪	2.797 ± 0.909	2.623 ± 0.818	2.869**	0.004
	高兴	3.777 ± 0.702	3.385 ± 0.758	7.757***	0.000
	希望	3.947 ± 0.769	3.540 ± 0.821	7.368***	0.000
积极低唤醒	满足	3.015 ± 0.769	2.557 ± 0.779	8.517***	0.000
	平静	3.650 ± 0.864	3.254 ± 0.840	6.660***	0.000
	放松	3.340 ± 0.876	2.830 ± 0.899	8.267***	0.000

续表

维 度		性 别			
		参与	不参与	t	p
消极高唤醒	焦虑	2.715±0.695	2.872±0.768	-3.102**	0.002
	羞愧	2.673±0.733	2.890±0.774	-4.152***	0.000
	生气	2.684±0.599	2.788±0.656	-2.387*	0.017
消极低唤醒	厌倦	2.039±0.892	2.299±0.871	-7.599***	0.000
	无助	2.299±0.871	2.729±0.913	-6.949***	0.000
	沮丧	2.467±0.799	2.743±0.893	-4.725***	0.000
	心烦-疲乏	2.115±0.831	2.516±0.901	-6.684***	0.000

注："*"代表 $p<0.05$；"**"代表 $p<0.01$；"***"代表 $p<0.001$。

由表3-5可见，父母参与辅导孩子学习学生的学业积极情绪得分显著高于父母不参与辅导孩子学习学生的得分，父母参与辅导孩子学习学生的学业消极情绪得分显著低于父母不参与辅导孩子学习学生的得分。

三、讨论

（一）边远山区农村初中生学业情绪特点分析

1. 边远山区农村初中生学业情绪整体状况分析

学业情绪反映了学生在学习过程中的情绪体验，它能够促进或者阻碍学生学习活动的进行。调查结果表明，边远山区农村初中生学业情绪整体状况良好，学生的积极学业情绪得分高于消极学业情绪得分。这说明边远山区农村大部分初中生能够体会到学习带来的快乐，认为学习是件有趣的事，自己并不比别人差，在学习上很少感到力不从心、倦怠感，也不会觉得学习是一种负担，头晕脑涨，一提起来就想睡觉。虽然调查结果比较乐观，但是边远山区农村学生的教育也一定要重视，因为农村教师资源匮乏，课程较为单一，父母文化水平不高，教育观念比较落后，溺爱孩子的多，会教育的少，不利于学生养成良好的学习习惯，并且有些孩子属于单亲家庭或者父母外出打工无暇照顾孩子，这些初中生更需要引起重视。随着城镇化的推进，大部分的农村孩子都随父母去城里就读，带走了大批优秀学生，留在农村的孩子，多数基础比较差，再加上现在的教师越来越不敢对孩子管教，孩子打不得骂不得，教师只能哄读书，这样的学习状态即使对学习没有失去兴趣。但是，随着年级的升高，学习课程难度的加大，学生的良好学习习惯没有养成，学习毅力没有提高，畏难情绪会逐渐增级从而导致厌学。

2. 边远山区农村初中生学业情绪在各人口统计学变量的差异状况分析

在性别变量上，积极情绪中，边远山区农村女生的高兴、希望、平静维度得分均显著高于男生，男生在消极低唤醒当中的厌倦维度得分显著高于女生。这说明在学习上，女生比男生存在更多的积极情绪，在学习的时候更能体会到学习带来的快乐、收获和成就感，在学习的时候情绪更平和，轻松自如的学习，不会感觉到心烦意乱，心浮气躁，更能对未来的学习充满希望和动力，较少的感受到悲观失望。中国教育科学研究院曾对深圳、杭州和长沙等三个地区18所学校的小学五年级、初中二年级和高中二年级学生学习动力状况做了深入调研。调查表明，与男孩子相比，女孩子更爱学习。《中国健康心理学杂志》也曾刊登过一个关于学习动力影响的调查，调查结果显示女生在调节考试焦虑、调动学习热情、学习毅力这几个方面比男生有着更强的能力。由此可见，性别是影响学业情绪的一个重要因素。之所以女生在学业情绪方面能够感受到更多的积极情绪的原因可能是以下的几种情况。首先，成就情绪控制价值理论认为，人类情绪的基本结构和因果机制具有等同性，所不同的是，情绪的具体内容、频率和强度则会因社会文化环境、性别和个体的不同而不同。控制和价值评估与女生的成就情绪之间的关系和与男生的成就情绪之间的关系在结构上应该是等同的，其学业情绪主要取决于男女生对控制和价值的评估。如果男生和女生之间的控制力和学业价值观存在差异，那么由此产生的情感体验也会有所不同。此外，在面对学业压力时，女生更善于表达情感，压力很快能得到释放，而男生多不善于表达，其经受的压力也容易沉积下来，在漫长的学业过程中更易积攒更多的不良学业情绪[1]。其次，性别对学业情绪的影响，受智力发展总体水平、类型差异以及表现早晚差异方面的影响。在智力发展总体水平上，男性智力分布的离散程度比女性大，也就是说

---

[1] 刘在花. 流动儿童学业情绪对学习投入影响的研究 [J]. 中国特殊教育, 2020 (2): 69 - 75.

很聪明和很笨的男性都比女性多，智力中等的女性比男性多，对于智力水平低的男生在学习上受挫更多，产生的消极情绪就更多。在智力类型差异上，男性在数学、空间和抽象能力方面占优势，女性在言语、记忆能力方面占优势。因此，初中大部分的学科都是文科，更符合女生的思维特点，而且男生喜欢动手操作与观察思考，但是读写能力发育上比女生晚许多，而我国的教育形式以讲授为主，学习常常是一种模式化的智力活动，人们往往要求男生和女生在相同时间内以同样的方法学习同样的知识，活泼好动男生往往坐不住，天马行空的精神世界更无处张扬，发挥不了自己性别的优势，而这些发育上的差异往往使男生被视作笨或迟钝，打击其自信。另外，在智力表现早晚方面，女生心智成熟较早，青春期来的比男生早1~2年，从心理上就比男生成熟一些，特别是农村的女生更有一种学习的忧患意识，更希望通过学习走出大山，改变命运，而男孩的玩心大，好奇心重，生活条件对边远山区的男孩影响不大，男生随遇而安的适应能力更强，更想探索知识产生的来龙去脉，而不在意分数，也无所谓教师的表扬，同学的目光。大部分男生到了高中以后，潜力才充分发挥出来，所以在初中阶段女生在学习上遇到的困难比男生要少，更能体验到积极愉快的学习情绪。

在年级变量上，七年级学生在积极高唤醒中的高兴维度、希望维度和积极低唤醒中的平静维度得分显著高于八、九年级学生；七、八年级学生在积极低唤醒的满足维度、放松维度得分显著高于九年级学生；七年级学生在消极低唤醒中的厌倦维度、无助维度和心烦-疲乏维度得分显著低于八、九年级学生。总体而言，七年级学生体会到更多的积极情绪，九年级学生体会到更多的消极情绪。从小学到初中，对七年级学生来讲，知识上有跨越，心理和生理上更是一道门槛，通常讲七年级的过渡转折基本奠定了今后学习生涯的雏形。调查显示，七年级学生的学习排名几乎是初中整个学习生涯的排名。七年级的学生刚刚踏入中学校门，新增加的科目让七年级新生感觉到新鲜、好奇，充满求知欲和探索欲，而七年级的课程难易程度适中，既能满足初中生对学习的好奇心，具有一定的挑战性，又能让学生有掌控感，不会觉得完不成学习任务而感觉到痛苦。而九年级学生之所以感受到更多消极情绪，因为这个年龄段的学生即将面对自己人生中第一次重要的考试——中考，每个家长"望子成龙""望女成凤"的思想体现得更为明显。农村偏远山区的初中生也希望能够通过中考选择出路，改变命运，学习竞争激烈，达到了白热化的状况。当学习成绩没有达到他们自己预想的效果时就会自责容易沮丧低落，他们就显得不耐烦，暴躁、易怒，说话冷言冷语，对自己、他人的评价以及对事情的描述都有消极倾向，与家长关系紧张，对父母有抵触情绪或经常与父母发生冲突等。

在是否为班级干部的变量上，班级干部的学业积极情绪显著高于普通同学的学业积极情绪，班级干部的学业消极情绪显著低于普通同学的学业消极情绪。这可能是因为班干部这个群体不仅要管好自己的学习，在学校中起模范带头作用，以身作则，而且他们是班主任和其他任课教师与同学间的桥梁和纽带，要处理班级的一些事务，要学会处理人际关系，努力营造团结和谐、奋发向上的人际氛围，这样才能顺利完成教师交给的任务，并且一个严谨的优秀的班委组织，是有能力把一个班级支撑起来的，给全班同学一个更广阔的空间去学习生活，发展自己的特长，因而班级管理与学习成绩都是他们重视的内容。所以他们学会情绪调节，是班级干部的基本素质。"心宁则智生，智生则事成。"积极的情绪会激发班干部工作的热情和潜力，工作并快乐着。此外，品学兼优的同学更容易在班干部的选拔中脱颖而出，学习也会相对轻松，所以他们就会在学习过程中体验到更多的积极学业情绪。

在家庭模式变量上，调查结果表明，边远山区家庭健全的初中生比单亲家庭和父母外出打工的初中生能够体验到更多的积极情绪，在学习上能够获得更多的满足感，体验更少的厌烦、无助。李开复说："在批评中长大的孩子，责难他人；在恐惧中长大的孩子，常常忧虑；在嘲笑中长大的孩子，个性羞怯；在羞耻中长大的孩子，自觉有罪；在鼓励中长大的孩子，深具自信；在宽容中长大的孩子，能够忍耐；在称赞中长大的孩子，懂得感恩；在认可中长大的孩子，喜欢自己。"短短一段话，道出了不同的原生家庭，会带给孩子怎样不同的性格特质。随着打工经济升温，大部分农村剩余劳动力转向城市，使很多家庭的孩子"留守"在农村，由祖父母、外祖父母或亲戚看管，大部分看管者限于精力和能力，不能有效地对孩子进行家庭教育。由于长期得不到家庭的温暖，父母的关爱，他们大多有被遗弃的感觉和困惑。有的家庭夫妻之间、婆媳之间、邻里之间关系不好，三天一小吵，五天一大吵，大人之间个个像"斗鸡"，更谈不上教育孩子了。尤其近几年随着农村离婚率增加，单亲家庭在农村越来越多。父母的离异，家庭的解体，带来孩子性格、心理、身体、情感等多方面的问题。这些单亲家庭的孩子由于得不到父母完整的爱，或亲情完全缺乏，他们变得任性、自私、孤僻、冷漠、抑郁多疑，上进心差，甚至有的出现暴力倾向。家庭教育在中小学教育中占有重要的地位，是构建学校和谐教育中不可或缺的组成部分，甚至是决定性的作用。调查结果也充分表明，父母参与辅导孩子学习学生的学业积极情绪得分显著高于父母不参与辅导孩子学习学生的得分，父母参与辅导孩子学习学生的学业消极情绪得分显著低于父母不参与辅导孩子学习学生的得分。

第三节　边远山区农村初中生学业情绪调节

学业情绪虽是学习中的情绪，却是学生的主要情绪。学业情绪可以说是学生特征性情绪在学业中的表现和体验。但是，如果反过来考虑，学生的人格还未完全成熟，其人格特征也在发展中。那么，一些良好的但是短暂的、与情境有关的情绪可能是状态性的，它们应该也可转化成较为稳定和持续时间较长的心境，进而反复体验、渐趋稳定，而后逐渐成为人格特征中的良好情绪特征。根据本章第一节中，对于学业情绪的影响因素分析，以及根据普拉契克把情绪产生看作是一个由刺激－认知评价－主观感受－外显行为－适应功能所组成的反应序列的理论。首先，积极学业情绪需要外界客观环境提供良好的、积极的刺激，才能由情绪诱导、驱动和调节学习；其次，清晰和内在自觉的意识作用，强调"回到自身"的反思和体悟，引发和自激积极情绪；再次，认知性情绪的唤醒活动介入，兴趣、希求、憧憬、愿望等唤醒体验促动学生的主观感受，激发他的全部情感，使他产生强烈的学习愿望，才能将学习知识、提高能力与情绪态度价值观的自主成长统整起来，表现在学习行为上。因此，边远山区农村初中生学业情绪的调节可以从环境调节、教育调节和自我调节入手。环境调节以学校环境和家庭环境调节为主。

一、学校环境调节

帕克让等提出优化教学环境的一些建议：①提高教学质量；②给学生一定的

自主权,使他们能进行自我调节学习;③强调掌握学习知识的重要价值,但要适当调整社会期望,使其与学生的能力相匹配;④信息反馈时使用个人和群体参照标准以增加成功的机会;⑤引入从错误中学习的文化;⑥创造灵活的互动模式以增进合作和支持,与此同时不回避同伴中的竞争(Astleitner,2000;Covington,1992;Pekrun et al.,2002)。结合帕克让的建议以及前人的研究,笔者提出了以下的建议供参考。

(一) 营造轻松和谐的学习氛围

所有的情绪记忆经验在某种程度上决定了人们心理状态的情绪基调。人们经历的稳定、积极事件越多,就越容易感到愉快。学生的大部分学习时间都是在学校度过的。尤其是农村寄宿制学校较为普遍,所以创设轻松和谐的情绪氛围,可以使学生对学习有好的体验,那么在学习中也容易有一个积极的良好心态。生物和行为研究都清楚地表明,教育者可以通过有意识的活动在班级创设积极的情绪氛围。学校须给学生营造一个安静、安全、和谐的学习生活氛围:向学生提供舒适、安静的生活环境,如温馨的宿舍环境,身体锻炼的场所等;提供学生学习生活必需的软、硬件设备,如一批师德高尚的教师、宽敞明亮的教室、心理课的开设等。只有在这样的环境中,学生才能够怀着轻松愉悦的心情去学习。根据研究结果,学校需要做好低年级学生学业情绪的引导,使其保持积极的学业情绪;积极做好对高年级学生的情绪干预。

营造一种滋养的氛围,让每一个学生都感受到与养育者之间的连接,这应该是每一所学校每一位老师都要最优先完成的。教师要营造积极的学习氛围,可以尝试以下策略。

1. 提供一致的课堂期待和公平,用温和的策略来保证纪律的执行

边远山区农村初中生留守儿童较多,而且大部分家长不懂教育,因而作为教书育人的老师要更充分地体现出对班里所有学生的关心,对待学生要一视同仁,及时了解学生的情绪状态,洞见每个学生的内心世界,判断出哪个学生更需要老师的支持和帮助,以便及时提供,尤其是女生,根据其生理心理的特点,有针对性地对其做心理辅导,做一个有爱心、负责任的教师;确保每个学生有一次在课堂上被提问的机会,或者参加一次特别的任务。对学生的批评,要讲究场合,批评一个人的时候，应尽量避免在公共场合，运用移情的方法，以理解和尊重的态度与其交流，在指出错误的同时还要引导他们认识到满足需要的正确方式，引发其肯定的情绪体验和积极的行为动力。赞扬这种手段也不能滥用，应该抱着真诚的态度，立足于实际，这是对教师最基本的要求。对具体行为的表扬比笼统性的表扬更有效。例如，与简单地说"同学们，今天做得不错"相比，"你们每个人都在你们的合作学习小组中竭尽了全力"这种对特定行为的表扬，能更加有效地引起每位同学的注意。又如，对努力的积极评价比对能力的赞美更有效。在与学生的沟通中，尽量避免使用"含蓄的命令"。比如通过提问"你的工具应该放在哪里？"来传达命令，不如直接告诉他工具要放到盒子里，以减小曲解意图的机会。我们要致力于这样一种教学文化，教师与学生之间，学生与学生之间，积极的语言无处不在。

2. 设计严谨的、鼓励差异化的、更有意义的教学活动

人脑的第一作用就是让人在世上生存，所以要激发学生的学习动机，必须使边远山区农村初中生意识到学校所教的学科都是必不可少的，是值得学习的。这就要求教师把新学的知识联系到相关的实际问题，使学生感到知识与自己的生活息息相关，建立起课堂内容和自己生活的连接，提高学习兴趣，积极地参与到学习中，增强大脑的思考能力，增加记住新知识的概率。当学生看不到学习和现实生活的相关性时，他们就不会再去学习，并且会感到厌烦和压力。作为教师，要为学生树立爱学习的好榜样，不断学习新知识，在教学中提升自己。要根据学生学习特点认真备课，教学过程中运用有效的教学策略将知识传递给学生，把握好课堂，调动学生学习积极性，让学生体验到学习的乐趣，变"要我学"为"我要学"；学习如何在课程教学中植入有趣的内容，对于天生缺乏幽默感的老师，可以参阅很多关于幽默的书，但必须注意避免讽刺或者戏弄学生。

3. 针对每一个学生设置个性化的学习目标

教师在面对学生学习成绩时，不要以成绩"论英雄"，要明白成绩对老师来说只是检验教学效果的工具；要秉持着"没有教不会的学生，只有不会教的教师"这一理念，鼓励后进生，发现他们身上的长处，激发其学习动机，让他们对

学习感兴趣,才会真正的学有所得。

4. 采用多种形式调节学生的情绪

边远山区农村学校现在的办学条件得到了极大的改善,学校和教师最好能积极举办校庆、各种传统文化节日晚会、运动会,以及其他各类文化艺术实践活动,不仅能帮助学生锻炼技能,支持他们完成学业、合作和即兴创作,还能帮助其建立凝聚力和归属感,建立学生与学校的连接。教师可以通过观察、与家长沟通和班干部汇报等渠道发现情绪上有障碍的学生,通过举办有针对性的主题班会、个别谈话和心理辅导对其进行疏导。

5. 在班里树立温暖和友善的模范

最好的教师也可能在不经意间会在教学中造成压力并抑制学习,如果教师都能对"压力影响学习,积极的情绪提升学习体验"这一基本理论有所理解,就会避免导致应激反应,而去有意识地营造积极的情绪氛围。教师是学生"大脑的变革者",对学生大脑如何学习越能了如指掌,就越容易在教育教学中取得突出成绩。

(二) 培养学生的学习兴趣

学习兴趣是一个人倾向于认识、研究获得某种知识的心理特征,是推动人们求知的内在力量。在我国古代,人们一直强调"书中自有黄金屋,书中自有颜如玉",其实这只是从间接兴趣方面激励人们去学习。而在现实应试教育占统治地位的学校中,教学过程也变得越来越急功近利,各种类型的以监测学生获取知识的多少为主的考试接连不断,大多数学生对知识的直接兴趣丧失殆尽。初中生对学习的直接兴趣,来源于其好奇心和求知欲。一个学生只有对所学知识和技能有直接兴趣,他才能变"苦学"为"乐学",才能不单纯靠毅力去学习,才能不需要去"头悬梁,锥刺股"式地去学习;只有有了对学习的兴趣,学生最终才能增强学习的主动性,体会到学习是一件很快乐的事。

教师要善于观察初中生这个年龄阶段惯有的行为习惯和思维模式,遵循认知的自然发展规律,采用科学的方法从根本上解决初中生厌学的问题。在教学过程中,为了避免学生对学习内容产生畏难和抵触心理,教师可以采用由易到难、循序渐进、劳逸结合的方法。在教学内容上,为了使学生意识到学习的必要性,将知识很好地转化为实际操作能力，教师要寓教与景，将孤立单调的理论知识同现实生活紧密联系。在课堂组织上，运用启发式教学来激发学生的学习兴趣，培养学生主动思考的能力，采用跳出传统的封闭式教学模式，在讲授式的基础上融入更多的学生主动参与，调动学生学习的积极性，变被动为主动。教师应以兴趣为纽带来引领教学而不是单纯的任务式教学，会使学生在这种活跃的氛围中调动起对学习的渴望和动力[①]。

二、家庭环境调节

孩子在学校经过一天繁重的学习之后，回到家里需要父母一个关切的拥抱，当在学校遇到了烦恼的事和挫折，家庭是温暖的避风港，每一个父母都应该尽力维护家庭的稳定和团结，打造一个良好、温馨的家庭氛围，让孩子能充分感受到家庭的温暖和谐。有调查显示，长期生活在和睦家庭的孩子积极情绪体验要多于长期生活在处于紧张关系家庭的孩子。家庭犹如学校的后备力量，父母给予孩子的不光要有物质上的满足，心灵上的支持更为重要。初中阶段的孩子正直青春期，他们面临诸多新问题带来的烦恼，此时父母的关怀与爱会带给他们安全感和信心。父母多与孩子交流能够激发他们对事物健康、积极的追求。另外，父母必须为孩子树立积极处理情绪的榜样，从而有利于学生的学业情绪。每一个家庭成员之间都要互相关心、互相信任、生活态度积极乐观向上、生活有规律，营造良好的家庭氛围。生活在这种健康家庭氛围中的孩子，家中的愉快幸福能让他有良好的安全感，对孩子的心理成长有着积极的作用。同时，家庭成员之间彼此的爱和尊重，使孩子在遇到困难时也会选择积极面对而不会被挫折打败。

现代理念的家庭教育模式中，家长已经不仅仅是孩子的父母，还应该成为孩子的良师益友，做孩子成长路上共同进步的伙伴。父母是孩子平时接触最多的人，他们的所做行为，对子女都会产生潜移默化的影响；在生活中，他们的行为每时每刻都会教育着孩子。在孩子犯错时，家长不能只是一味地教育批评孩子，还应该适时

---

① 高梦珂. 初中生学业成就中非智力因素的培养探究 [J]. 文化创新比较研究, 2018 (20): 124 - 125.

地反思自己，是不是自己的一些行为影响了他们，孩子身上的某些不良习惯，是不是自己平时不注意造成的，做到保持积极乐观的生活态度，给孩子树立良好的积极向上的榜样，同样，平时要求孩子做到的，自己是不是先起到了带头作用。如果家长连自己的情绪都不能控制，怎么又能要求孩子控制好自己的情绪。

以前的家庭教育是教育中的配角，现在大力提倡家校合作，家庭教育已成为辅助学校教育的一种重要教育手段。现在的教育中家庭是必不可缺的一项，好多农村家庭，父母对子女的教育问题关心得太少，这样不利于孩子的发展，家长应该与学校有良好的沟通，相互影响，家长与教师积极配合，一起对孩子的教育起到积极的引导作用；还应该跟学校、教师保持密切的联系，共同合作，一起沟通孩子在教育方面的问题。

三、教育调节

中小学时期是个体情绪发展的重要时期。这时期孩子的情绪反应、情感内容不断丰富，情绪体验不断加深，但情绪情感远不成熟，情绪指标不稳定，控制力差。因此加强对他们的情绪教育十分必要。

中国的情绪教育尚处于起步阶段，较欧美发达国家还存在着较大的差距，由于社会、学校、家庭等各方面因素的影响，中国的情绪教育体现出明显的特点，即从显性教育到隐性教育的转变。所谓显性教育，是指情绪教育以具体的课堂形式、课堂内容体现在教学过程中（小学的情绪教育带有明显的显性教育特征），"情绪"是学校心理健康教育的重要主题。在国外，也存在学校忽视道德教育，以致大量年轻人迷失人生方向的现实。近年来，越来越多的公立学校加入了推行人格教育的行列，许多学校设置了有导向性的、以"情绪教育"为核心的人格、素质教育课程，教师在心理健康教育中引导学生学会处理自己的情绪问题。边远山区农村学校很难开设正式的关于心理健康教育的课程，班主任可以积极组织以情绪为主题的心理情境剧的活动，让学生在具体情境中体验情绪，学会调控情绪。隐性教育则是指情绪教育内化甚至淡化在正常的课堂教学中，而不以具体的课堂形式、课堂内容体现在教学过程中（中学、大学的情绪教育就属于隐性教育）。这种情绪教育方式的转变具有现实意义，对于这种转变的分析和探讨，有助于更好地开展情绪教育。

情绪教育首先就要求教师能够更好地与学生接触、交流,给予学生一种无条件的积极关注,并让自己成为一名很好的情绪管理者,成为学生的榜样,营造宽松缓和的情绪氛围,良好的人际关系,使学生能在交往的过程中完成相互的情绪教育。然后教师应当在适当的情境中,对学生给予引导,让他们学习理解和表达情绪的正确方式。其次学校还应定期或不定期举行一些全体学生参加的情绪教育讲座,或组织少量活动,帮助学生正确认识理解情绪的心理意义。最后,学校要设计实施多种情绪训练活动,教给学生情绪训练的基本方法,培养乐观、健康的情感,形成对人、对己、对事、对物的正确态度;教给他们一定的预防和调节不良情绪的方法,掌握对情绪的自我调控;教会学生知道面对现实,在愤怒的时候懂得如何制怒和宽容,在悲伤的时候懂得如何转移和发泄,在焦虑的时候懂得如何排遣和分散。

四、学生个人调节

中学阶段正是人生成长的关键时期,情感波动幅度大,情绪反应强度较大、容易变化,或郁郁寡欢,或闷闷不乐,或烦躁发怒等,容易影响正常的生活学习。因此,中学生一定要学会控制和调节好自己的情绪。

(一) 树立正确的学习目标

树立正确的学习目标,明确学习的真正目的。学生应该认识到,自己的学习不是为了满足父母的期望,也不是为了讨好老师、与同学攀比,学生学习是为了自己,为了将来有更大的发展空间。只有真正意识到是为自己而学,才能最大限度地去激发自己的学习动机,感受到一点一滴的进步,并为这点滴的进步欢欣鼓舞。学生不能因偶尔的成绩不理想就否定自己,认为自己不适合学习;也不能因为自己成绩优秀而沾沾自喜,骄傲自满。学生应明确成绩只是用来检验自己一个阶段的学习成果。

(二) 寻找情绪不佳的原因

自我情绪的觉察和调控能力属于情绪元认知能力,随着生理和心理逐渐成熟,情绪元认知能力的培养是心理健康教育的重要内容之一。通过自我调节促进积极学业情绪的首要任务是让学习者对自己的情绪有正确的认知。学生进入青春期之后逐渐开始对自己的情绪有一定认识，可以报告自己的部分情绪体验。在青春期早期（初中阶段），学生能更好地报告自己的积极学业情绪，对自己消极学业情绪的洞察力还不够敏锐，当闷闷不乐、坐立不安、忧心忡忡、烦躁苦恼的时候，不要任其发展下去，关键要找出原因，究竟是什么原因让你在学业上情绪低落。随着生理和社会情感发展日趋成熟，青春期晚期（高中阶段）的学生不仅能认识和报告自己的积极学业情绪，还能较为准确地认识和报告自己的消极学业情绪。找出问题的症结后，想办法对付它。如果找不出原因，那么你可能处于情绪周期的"低潮期"，也可能由于天气等环境的影响，过一段时间就好了，还有睡眠质量不好，睡眠不足对情绪也会产生极大的影响。找到原因，对症下药才能解决问题。学业情绪的发展阶段性为学业情绪自我调节提供了可能。

（三） 身体放松并转移注意力

面对学习上的起伏，通过合理的处理方式，尽量做到不骄不躁，给自己营造一个放松、平静的学习心态。当学生在学习过程中因为学习压力过大或者其他原因导致过分紧张、恐惧时，可通过身体的放松来缓解心理的紧张；可以深深地吸一口气，然后慢慢地呼气，这个过程能使肌肉很快地放松，同时不断地暗示自己"放松、放松"，可重复这几个步骤，直至缓解一些不良情绪。同时把注意力集中在有趣的事物上并停留一段时间，或推开窗向远处望去看看蓝天、绿树，闻闻花香，或是听音乐，不论是古典、民族还是流行音乐，都有助于你缓解紧张的情绪，如果能跟着音乐的节奏跳上几步，你的感觉会更好；还可以把烦恼和朋友倾诉，这样不仅可以增加与对方的联系，同时自己的紧张情绪也会随之而得到转移。

（四） 采用恰当方法适当地进行宣泄

中学生正处在情绪变化比较激烈的时期，很容易为一些学习上的小事怒气冲天。强压怒火对身体有害，任其发泄有时会导致不可收拾的后果，不如先将学习任务放置一旁，让自己冷静一下，参加其他一些有意义的轻松活动，等大脑清醒、情绪松弛下来，状态适合学习的时候再把书本拿过来。在学业成绩上暂时落后也不要感觉抬不起头来，怕同学、老师看不起自己，应该多向学习好的同学请教学习方法，多问老师多思考，客观分析自己成绩落后的原因。各种原因引起的情绪波动，精神抑郁，有时只要大吼一声或几声，顿时就会感到心平气和、精神振奋、充满活力。这是因为通过大吼，加快了血液循环，并能使大脑皮质处于中等兴奋状态，令身心健康处于最佳水平。现代科学证明，流眼泪并非懦弱的表示。所以该哭当哭，该笑当笑，但是要把握好一个度，否则会走向反面。另外，还可以找亲人、好友或可以信赖的人倾诉自己的苦恼，求得他们的帮助和指点。有些事情其实并不像自己想得那么严重，然而一旦钻进牛角尖，越急就越生气，如果请旁观者指导一下，可能就会豁然开朗，茅塞顿开。

（五）学会和同学建立互助友好的同伴关系

有研究表明，同伴关系不良的学生，学习成绩普遍比拥有良好同伴关系的学生低。这是因为同伴关系不良的学生总是被孤立，当他们在学业上需要同伴帮助时总是遭到拒绝。青少年又是处于青春期这样一个不稳定的时期，任何微小的矛盾都可能引起情绪极大的波动。他们在学业上长期得不到同伴的帮助就会导致产生紧张、愤恨、焦虑等负性学业情绪，这些负性学业情绪又反过来影响学业活动和同伴关系，造成恶性循环。因此，建议学生与周围同学建立良好的同伴关系，提高自身素质，对待同学要真诚、大度，同学之间发生矛盾时，要学会站在对方的立场考虑问题，多多地反思自己，须知退一步海阔天空。不同年级的学生要积极地调整自己的学业情绪，使自己在良好的心境下学习、生活。

第四章

边远山区农村初中生学习策略状况调查及训练

第一节 学习策略概述

有的学生学习一向非常努力，可是学习成果并不尽如人意；有的学生学习很用功，有目标有计划，成绩却只是中上，没有十分突出；有的学生合理运用时间，学习轻松，成绩总是名列前茅。学生的智商一般相差无几，学习成绩优异的学生一般都有较为强烈的学习动机，有良好的自我认知，还能保持正确的学习习惯，还有一个非常关键的因素就是善于运用学习方法，也就是他们知道如何学习。

现行教学体系培养出来的人才已远远不能适应社会的要求，"教会学生学习"的呼声越来越高。著名心理学家诺曼（Norman）所说的"期望学生学习却不教学生如何学习"的奇怪现象将渐渐成为历史。当代的教育工作者和心理学家已经深刻地意识到教育的根本任务是把学生培养为独立的、自主的学习者，所谓的学比教更重要。教会学生学习、教会学生思考已成为近年来世界各国关注的焦点问题。学会学习可以提高学习效率，减轻学生负担，是提高教学质量的有效措施。学习策略是制约学生学习效果的重要因素之一，它是衡量学生学习能力的重要尺度，也是会不会学习的重要标志。大量研究表明，是否具备相应的学习策略以及能否有效使用学习策略是造成学生学习差异的重要原因。在教学过程中，教师的任务不能仅限于向学生传授知识，更重要的是要有意识地培养和训练学生掌握和使用相应的学习策略，教会学生如何学习。了解学习策略的研究以及相关理论，教育者要把握学生学习策略形成和发展的规律，在教学实践中通过培养和训练学生的学习策略从而提高课堂教学的质量。

一、学习策略的含义

（一）学习策略的定义

自从 1965 年布鲁纳在一个关于人工概念的经典实验研究中发现运用一定的策略进行学习，能极大地改善学习者的学习效果，从而提出了"认知策略"。"认知策略"概念的提出，为系统研究学习策略拉开了序幕，但学习策略研究是近 20 多年来才广泛兴起的研究课题。学习策略作为一个专有名词，在教育心理学中有着重要的地位。心理学家们对学习策略的问题作了许多有意思的探索，积累了许多资料。和很多心理学的其他名词一样，由于人们的研究角度不同，不同的人对学习策略定义的理解是不一样的，概括起来有以下几点。

（1）把学习策略视为学习活动或步骤。如里格尼（1978）认为学习策略是学习的程序和步骤；梅耶（1988）把学习策略看作是在学习过程中用以提高学习效率的具体的学习；凯尔和比森认为学习策略是一系列学习活动过程，而不是简单的学习事件；舒克史密斯认为学习策略是选择、整合、应用学习技巧的一套操作过程；尼斯比特（1986）和丹塞路（1985）提出学习策略是能够促进知识的获得与存储和信息利用的一系列的过程和步骤。

（2）把学习策略看成是学习方法和学习的调节与控制的有机统一体。持这种观点的研究者认为学习策略属于信息加工模式的调控部分，是指主动的学习者在认知过程中，对上述信息加工过程中实行调节与控制的一系列技能。学习方法和学习的调节与控制同属于学习策略的范畴，是相互联系的、具有不同功能的学习策略。一般而言，学习方法直接作用于信息加工过程，用于编码、保持、提取和运用信息的方法；学习的调控则作用于个体，用于维持、调节和控制学习者的内部状态，使学习方法能够有效地发挥加工信息的作用。如琼斯、艾米伦和凯蒂姆斯认为学习策略就是被用于编码，分析和提取信息的智力活动或思维活动，是学生用于获得，保持与提取知识和作业的程序和步骤。

（3）把学习策略作为学习的规划、能力和技能。这类观点认为，学习策略是个人调控自己的认知活动以提高认知操作水平的能力,是学习方法与学习的调节与控制的有机的统一体,它包括具体的学习方法或技能与学习的调节与控制能力。例如,杜菲(1982)指出学习策略是内隐的学习系统;平特里奇认为学习策略是学生获得信息的技术或方法,是指使用认知策略和元认知策略的一般术语;得瑞认为学习策略是学习者"为了完成学习目标而制定的复杂的计划",可以看作对一个学习问题应用一个或几个学习术(learning tactic),指在计划中所使用的单个加工技术。

Rod Ellis(1994)指出的,不同的策略定义之间存在明显的分歧:①策略究竟是指可视行为,还是指大脑中无法观察到的心理活动,还是兼而有之;②策略是指某人学习方法的总体特点,还是指完成某个具体任务所采取的技巧,③策略是否在学习者意识(潜意识)范围之内;④策略是否对学习的发展产生直接的作用。如果把上述观点加以综合考虑,似乎能更全面地勾画出学习策略的完整图景,揭示出学习策略的本质。因此我国学者普遍认为学习策略是指学习者在学习过程中有有助于提高学习质量、学习效率的程序、规则、方法、技巧及调控方式。它即可以是内隐的思维方式,也可以是外显的操作程序和步骤,具有层次性和整体性的统一,灵活性与稳定性的统一,外显性与内隐性的统一。同是复述策略,有可能是简单地按次序复述,也可能是选择陌生的或重点内容复述。

学习策略是衡量个体学习能力的重要尺度,是制约学习效果的重要因素之一,也是会不会学的标志。一个学生认知或认识过程的有效性如何,在很大程度上取决于他的学习策略,即策略的选择、监控、效果评价、及时反馈并修正该过程的进度、方向及主体的努力程度等。重视学习策略的科学研究对解决当前教学改革中存在的问题有重要意义:一是可以改进学生的学习,提高学习质量。特别是能促进或改进因学习策略掌握不好或智力发育迟滞学生的学习成效,在一定程度上减小他们学习的困难;二是能更有效地促进教师的教。教师通过学习策略的教学,可减少教学和训练时间,达到减轻学生学习负担的目的;三是有利于促进应试教育向素质教育的转轨,实施素质教育。素质教育是以培养跨世纪需要的人才为目标,这就要求学生在学校中学到终身有用的东西。信息时代,个人对学科知识的掌握是有限的,而掌握获取知识的策略才是至关重要的。

（二）学习策略与学习方法的关系

人们通常认为学习方法与学习策略是一回事，把两者等同，实际上两者之间还是有一定区别的。学习方法是学习者在学习某一具体知识时采用的技能或手段，也就是学习者用于对信息的接收、加工、编码、储存、提取、运用等认知过程中的具体方法或技能，如做笔记、画线以及各种记忆术等。学习策略不仅包括具体操作、技能的掌握，还包括了解不同操作适用的条件或情境以及监控操作的执行情况，并根据具体情况控制与调节操作的选用。

学习方法有较强的情景性，总是与具体的学习任务相联系，而学习策略往往与学习的一般过程相联系，但又不能脱离具体的学习任务；学习方法的使用不一定与最佳效益相联系，而学习策略则是以追求最佳效益为特点的。例如，要记住一篇文章的内容，无论是采用机械重复记忆的方法，还是采用尝试记忆的方法，或是采用拟定提纲进行记忆的方法，都可以完成学习任务，达到学习目的，但是其效益却是不同的。学习者一旦熟练掌握了某种学习方法后，在相应的具体情景中往往凭习惯加以运用，而学习策略则是学习者经过对学习任务、学习者自身特点等各方面进行了综合分析后产生的方案。

从学习策略的角度出发，不存在最优的学习方法。对一个学习者来说可能是"最优"的方法，对另一个学习者来说则未必适用；在一种场合下为有效的方法，在另外的场合又可能失去它的效用。许多被教师认为行之有效的方法，常不能为多数儿童所掌握或灵活运用，其原因在于学生缺少元认知的能力，许多学生对于为什么使用某种方法、方法的适用范围与适用条件、使用效果受哪些因素影响等问题并不清楚。

因此，学习策略与学习方法的关系好比军事上"战略"与"战术"的关系。战术是指在实际的交战中，用来达到具体战争目标的具体技能和方法；战略是比战术更高级、更一般的对战术具有统摄和控制作用的作战方案与计划。战术为战略服务，战术中包含和体会着战略的意图，战略通过各种战术而实现和表现。学习方法使用在学习策略的实施过程中，为实现策略性的学习服务；学习策略执行着对学习方法的选择与使用的调控。

二、学习策略的分类

由于对学习策略的定义以及研究角度的不同,因而对学习策略的构成也有不同的看法。孙林在其硕士论文《高中生数学学习策略的现状调查及教学建议》中指出:学习策略的结构分类可以从四种不同的角度来划分。它们分别是:①据学习策略所起作用进行分类;②根据学习的进程进行分类;③根据学习策略所作用的范围大小来进行分类;④根据学习策略涵盖的成分进行分类。

Resnick 和 Beck(1976)提出学习策略由一般策略(general strategy)和调解策略(mediational strategy)两种因素构成。前者涉及与推理、思维有关的活动,后者则涉及完成一项具体任务时所用的某种特殊技术。

Sternberg(1983)指出,学习中的策略(称为"智力技能")是由执行的技能(executive skills)和非执行的技能(nonexecutive skills)整合而成,其中前者指学习的调控技能,后者指一般的学法技能。

Kirby(1984)把学习策略分为微观策略(micorstrategies)与宏观策略(macro strategies)二种,前者更多地涉及特殊的知识与技能,与认知执行过程关系更为密切,易受教育的影响而改变,后者应用范围较广,更多地涉及情感与动机因素,与学习者文化背景及风格差异有密切关系,难以通过教育的影响而改变。

Dansereau(1985)将学习策略的结构分为基本学习策略(primary strategy)和支持策略(support strategy)两种,前者是指直接操作材料的各种学习策略,包括(理解和保持信息)和(提取和应用)两个子策略,理解和保持策略又包括理解,回想,消化,扩展,复查五个子策略,这类学习策略在学习中起核心作用;后者是指作用于个体,帮助学习者维持适当的认知氛围,以保证基础策略有效操作的策略,包括目标定向和时间筹划、注意力分配(包括激活和维持积极的学习情绪的策略)、自我监控和诊断策略,其作用是引起学习者定期检查自己的学习情况,必要时调整自己的理解、注意和情绪,另外也包括控制和修正正在操作中的各种基础策略。这类策略在学习中起辅助作用。

Mayer(1987)研究了学生在学习过程中所运用的策略,提出学习策略由复述策略(rehearsal strategy)、组织策略(organizational strategy)和精加工策略(elaboral strategy)构成。

C. E. Weinstein（1985）认为学习策略包括以下四个成分：认知信息加工策略，如精加工策略；积极学习策略，如应试策略；辅助性策略，如处理焦虑；元认知策略，如监控新信息的获得。她与同事们所编制的学习策略量表（1990）就包括：信息加工、选择要点、应试策略、态度、动机、时间管理、专心、焦虑、学习辅助手段和自我测查十个分量表。

史耀芳（1991）认为构成学习策略是一个综合的策略，主要包括：注意集中策略、学习组织策略、联想策略、情境推理策略、反省思维策略、动机和情绪调节策略、计划和监控策略。该学者在学术研究中以此为切入点，进一步地分析出学习策略在知识学习方面还涉及情感策略、专业知识的学习方法、认知策略与TPO策略。

Dembo（1994）根据信息加工及元认知理论，提出学习策略包括认知策略和元认知策略，前者是对信息进行直接加工的有关方法和技术，而后者则是对信息加工过程进行监控和调节的有关方法和技术。

尽管研究者对学习策略作出了不同解释，但相同的一点是，他们都不否认学习策略中包含有认知策略（cognitive strategies）和元认知策略（metacognitive strategies）两大成分。若考虑到加工程度的深浅，认知策略又可分为：①浅加工策略，指复述策略，如重复、画重点等，其作用是帮助学生将新信息编码到短时记忆中；②深加工策略，包括精加工策略和组织策略，如对材料概括解释或给出要点，其作用是使信息顺利贮存到长时记忆中。

Mckeachie等（1990）对学习策略的成分进行了总结，他们除了认为学习策略包括认知策略、元认知策略以外，又添加了一项新的学习策略，即资源管理策略（图4-1）。其中，认知策略是处理内部世界的能力，是指对信息进行加工时所用的有关方法和技术，包括复述策略、精加工策略和组织策略，这些策略正是影响学习活动的关键因素。元认知策略最早是弗拉维尔在1976年提出的，他认为所谓的元认知就是对认知的认知，是指个体为实现最佳的认知效果而对自己的认知活动进行的调节和控制，包括计划策略、监视策略和调节策略。元认知的监控和调节主要体现在四个方面：①学习者在面临学习任务之前和实际的学习活动展开期间，激活和维持注意与情绪状态；②分析学习情境，提出与学习有关的问题和制订学习计划；③在具体的学习活动展开期间，监控学习的过程、维持或修正学习的行为；④在学习活动结束以后，总结性地评价学习的效果，其中包括对学习方法的评价[①]。元认知策略是调节、控制认知活动的重要因素，是高级管理技巧，是成功地计划、监控和评估学习活动的必要条件，对学习活动的顺利完成起着重要作用，它们帮助学生控制和执行自己的学习过程，帮助学生获得对自己学习状况的了解，并有助于他们决定如何调节其学习策略和进程；资源管理策略是辅助学生管理可用环境和资源的策略，对学生的动机具有重要作用，包括时间管理（如设置目标、建立完成的时间表等）、学习环境管理（如寻找固定地方、安静地方、有组织的地方等）、努力管理（如调整心境、自我谈话、坚持不懈、自我强化等）以及寻求或获得其他人的支持（如寻求教师、伙伴帮助，小组学习，获得个别指导等）。在学习活动中，认知策略是学习者提高学习效率的必不可少的具体策略性知识。但学习者应根据不同的材料、不同的情景选择不同的策略性知识，这一过程的实现正是元认知策略的体现。对于一个学习者来说，如果只拥有众多的策略性知识，而缺乏元认知策略来帮助自己决定在哪种情况下使用某种策略，或者改变策略，那么他也不可能成为成功的学习者。反之，如果没有可供使用的策略性知识，那么元认知策略的运用则缺乏相应的对象，因此，认知策略与元认知策略相互联系、相互作用、相辅相成，甚至相得益彰。资源管理策略能帮助学习者管理、利用环境和资源，体现了学习者识别、选择、控制资源的能力，成功地使用这些策略可以帮助学习者适应环境、调节环境以满足自己的需要。

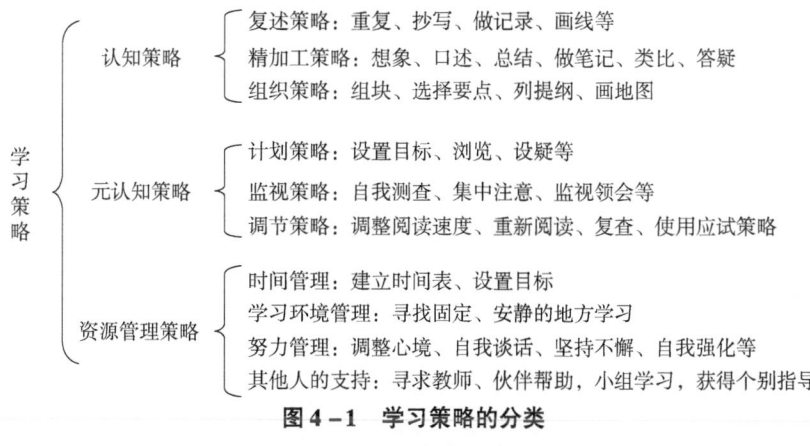

图 4-1　学习策略的分类

（资料来源：转引自陈琦和刘儒德（2016））

---

① 黄旭. 学习策略的性质、结构与特点 [J]. 华东师范大学学报（教科版），1990 (4)：85-92.

三、学习策略使用的影响因素[①]

很多学生在学习过程中,不注意反思,也不会总结学习方法,只是依照固有的习惯去学习,这样的结局便是费时低效、事倍功半,往往还会对学习产生畏难情绪,甚至失去信心。因而,了解学习策略使用的影响因素才能更好地使用学习策略。

(一) 是否掌握相应的学习策略

比较典型的是存在利用性缺陷 (utilization deficiency) 的问题。利用性缺陷是指个体虽然使用了策略,但使用后对任务解决帮助不大。

1. 年龄因素

年龄越小产生利用性缺陷的可能性越大。Bjorklund 等 (1997) 对三组孩子 (7 岁及以下;8~10 岁;11 岁及以上) 进行条件分类实验,发现 7 岁及更小年龄组的孩子比其他两组较大孩子更频繁出现策略的利用性缺陷,说明年龄越小越容易产生策略的利用性缺陷。

2. 个体认知资源的有限性

在策略使用初期,个体由于操作不熟练,通常要花费较多的认知资源,这也可能致使策略的利用性缺陷的产生。正如 Gaultney 等 (2005) 所指出的,策略使用的利用性缺陷是工作记忆容量不足的副产品,不仅儿童会产生,当成人在完成一项任务时,若超出了他的认知资源,也会产生策略的利用性缺陷。此外研究还发现,一些学习优秀的学生只要认识到策略的有效性,就会坚持使用策略,而其他学生则会中途放弃,这说明如果新策略产生后能够坚持使用,加强练习,逐渐变成个人熟悉的操作,就会减少所需的认知资源,从这个意义上说,新策略才算真正完成了生成过程。

3. 缺乏相应的背景知识

学生虽然获得了策略,但由于背景知识的缺乏,在运用策略的过程中也会产生这样或那样的障碍,一旦遇到障碍,学生往往归因于策略的无效,而放弃策略的使用。只有当任务内容是熟悉的或有正确的背景知识时,并且学生正确利用策

---

① 刘电芝,田良臣. 高效率学习策略指南 [M]. 北京:科学出版社,2011.

略，策略才会生效。相应背景知识是策略学习的一个必要因素，如果这个前提没有满足，那么策略使用也难以奏效。

4. 难以抑制习惯性的优势反应

要产生有效的策略，学生不但要产生新的更完善的策略，而且要抑制原有的旧的不完善的策略。学生习惯性的优势反应已自动化，会自动蹦出来，越小的学生抑制能力越差，即使获得了新策略，由于其抑制能力差，可能仍然使用旧策略，使新策略不能及时得到有效运用。

5. 训练方法

近年来，更多的研究者开始关注在策略训练中学生是否能真正获益。策略训练中，训练的程序、数量等都是影响策略的利用性缺陷产生的因素。Bjorklund 发现：当只使用言语指导学生完成某项任务时，学生在训练后独立进行作业时更少产生策略的利用性缺陷；相反，如果一边向学生示范策略的使用，同时使用言语讲解策略原理时，学生更容易产生策略的利用性缺陷。当训练只运用一个程序时，策略的利用性缺陷的出现就会更少。这对于年龄较小的学生尤其明显。

6. 主体体验匮乏

主体体验是指学习者在学习过程中，对策略有效性、意义及应用的认同、内省与体悟。主体体验不足或缺乏会制约学习策略有效性的发挥，当学生没有体会到策略的有效性，就难以自觉主动使用策略；只有从策略使用中获益，才会认同并且产生策略使用的强烈意愿。而这种认同感和意愿又会反过来促进学生更好地使用策略。

7. 缺乏条件性知识

其实很多学生在学习的过程中，已经意识到拥有一套行之有效的学习方法和学习策略的好处，只是不知道如何去寻找适合自己的学习策略。条件性知识是指策略使用的条件与范围。利用性缺陷的产生往往表现为缺乏相应的条件性知识，出现误用策略或策略使用不当的情况。Siegler 认为对问题因果关系的深度理解对于学习可能是非常重要的。学生如果错误理解因果关系，可能会难以确定什么样的策略对任务的完成是有效的，导致策略的利用性缺陷。

(二) 如何使用相应的学习策略

1. 学习策略使用的单一性和多样性

有不少学生在学习上勤奋刻苦，倾注了大量的心血和时间，却并没有能够取得理想的学习成绩；还有一部分学生虽然意识到了学习方法的重要性，但是只是一味地去模仿其他优秀同学的学习方法，学习成绩也并没有得到提高，甚至可能是适得其反。造成这些现象的原因可能是学习策略的使用不当。策略的运用是变化多样的，不同年龄段、不同任务领域，选择策略不同，个体既能对不同的问题采用相同的策略，也能对同一问题在不同的时间采用不同的策略，若忽视这种多样性就会严重歪曲对学习活动的认识。个体策略运用的多样性表明个体存在多种策略选择的阶段。一般来说，在获得策略的初期阶段，个体往往仅有单一的策略；随着知识的增多和对问题解决路径探索的增多，就会出现多种策略。由于不同策略在解决问题的有效性及速度上存在差异，随着经验的积累，不那么有效的策略会慢慢被淘汰，最有效策略就会在多种策略的竞争中获胜，所以在策略获得的后期阶段，个体也往往运用这种最有效的单一策略。学习策略是需要学生在学习过程中去不断地学习实践的，它可以说是学生的学习经验和学习方法的内化。学生想要学会学习，首先就要选择正确的、适合自己的学习方法。因此，多样化使用策略是策略从多样化向高级化发展的前提，是策略从初级阶段向高级阶段过渡的中间环节（刘电芝（2003））。在此阶段，学习者需注意发现并选择最有效的策略，以此缩短这个过渡阶段，加速自身对策略使用的有效性的积极体验。

2. 学习策略选择的竞争性和适应性

竞争性指个体解决问题时同时拥有多种策略，究竟该选择哪一个就出现了策略选择的竞争性问题。不同学生的学习风格、学习特点不同，他们所需要的学习策略也有所差异。也就是说，学生在学习上的实际情况不同，其所需要的学习策略也是不同的，适用于成绩优秀者的学习策略不一定适用于学困生。个体根据自身特点、问题情景等多种情况考虑下选择最佳策略，即出现了策略选择的适应性结果。Siegler 和 Shipley（1995）提出了适应策略选择模式，他们认为在可以使用多种策略时，学生对策略的选用取决于其使用的速度和精确性。当强调速度时，学生采用提取策略；当强调精确性时，学生采用扳手指等支持性策略。学生总是在速度和精确性之间作出有效的权衡。Siegler 等的研究表明，对容易的、熟练的问题，学生主要选用提取策略；对于困难的问题，主要选用支持性策略。这说明学生可以运用多种策略来解决问题，并逐渐学会根据具体问题的情景来选择策略，习得的经验会导致策略的适应性结果或产生新的策略，这属于学生使用策略的高级阶段。面临选择策略困难的学习者，应积极地尝试选择不同的策略，帮助自己积累一些有效的策略，并且多使用经济、有效的策略，逐步淘汰不那么有效的策略，从而逐渐提高解决问题的速度和质量。

3. 学习策略运用的挑战性与惰性

很多学生在学习过程中，更多地会倾向于选择运用一些较低层次的学习策略，尤其是学习基础较差的学生，他们会较多地选用复述策略、精加工策略这类简单的学习策略，很少在知识建构与应用的过程中采用自我计划策略、监控策略等复杂性的学习策略。Cohen（2000）发现高分组群体比低分组群体更善于调节和评估自己的学习，并根据学习需要选择适当的学习策略。所以，对于学习者来说，清楚策略的使用过程固然重要，但更要知道策略使用的条件性知识同样很重要，要搞清楚每种策略的使用条件和范围。

4. 策略运用的倒退与不稳定性

策略运用的倒退现象指个体开始运用有关策略解决问题，一旦遇到障碍就倒回到无策略状态，采用原有的方式解决问题。研究发现：当学生在使用策略初期阶段时，一旦遇到困难和障碍，就退而求其次，使用更低级的策略或者倒退到不使用策略的状况。策略运用的不稳定性，一般发生在策略获得的初期阶段，是指个体在解决问题时，忽而运用策略，忽而不用策略的不稳定现象。出现此现象的主要原因：一是策略使用不熟练；二是还没有真正体会到策略的有效性价值。如果是第一种情况，学习者在遇到策略使用的障碍时，要针对性地掌握学习策略使用的背景知识及与策略相关的条件性知识，以解决策略运用过程中的知识上的缺陷。如果是第二种情况，学习者要努力体会正确使用策略取得成功的喜悦感，在内心真正地认同策略，以增强自身对策略使用的欲望和动机。

四、学习策略的作用

重视学习策略的科学研究对解决当前教学改革中存在的问题有重要意义。

（一）有效的学习策略有助于高效学习

勤奋学习本身固然是好的，它是学习过程中非常宝贵、不可或缺的优秀学习品质。但是勤奋学习是否就一定能换来良好的学习效果呢？学生在学习过程中，想要改善自己的学习状态、提高自己的学习效率，就应该在学习知识的同时还要注意培养自己的学习策略。学习策略水平的高低，直接决定学习过程中"资源消耗"的多少，能够减轻学习者的负担，特别是能促进或改进因学习策略掌握不好或智力发育迟缓学生的学习成效，在一定程度上减小他们学习的困难。黄文峰等（2005）对中学生的学习策略现状进行了探讨：选取初中三个年级和高中一、二年级学生为被试，以中学生学习策略问卷为工具，对他们进行测试。结果发现，学习成绩高、中、低三组中学生的学习策略存在显著差异：学习成绩高的学生的学习策略水平显著高于成绩中等的学生；而成绩中等学生的学习策略水平又显著高于学习成绩低的学生。可见，学生的学习成绩与其学习策略水平紧密相关。

（二）使用学习策略可以带来愉快的学业情绪

只有高效地学习，才能够快乐地学习。高效率学习的一个重要特征就是个体在学习过程中能体验到一种愉悦感、满足感和成就感。这种愉悦感：一方面是因为在学习上获得成功而感到兴奋和满足；另一方面是因为掌握和运用了有效的学习策略，使学习变得轻松，激发了学习兴趣，增强了学习自觉性和主动性。因此，可以说学习策略的运用是愉快学习的前提。只有快乐学习才可能避免学习倦怠感，消除由于学习问题引起的心理健康问题。现代学习理论提倡"以人为本"，就是要使学习者心身放松地学习，愉快地学习。可以说，掌握学习策略是快乐学习的重要保证。

（三）学习策略教学有利于促进实施素质教育

进入 21 世纪，世界新科技革命迅猛发展，教育思想、观念、内容、方法等都发生了深刻的变革。在这样的国际背景下，素质教育是以培养跨世纪需要的人才为目标，这就要求学生在学校中学到终身有用的东西。倡导并鼓励学生积极参与、勇于探索、合作交流，要对学生在信息的收集与处理、知识的获取、问题的分析与解决等方面的综合能力进行全方位的培养。信息时代，个人对学科知识的掌握是有限的，而掌握获取知识的策略才是至关重要的，学习能力的教育是联结应试教育与素质教育的桥梁，也是从应试教育走向素质教育的必经之道。学习策略是解决如何学习的问题,若学生在知识建构方面欠缺有效的学习策略与应用能力,则难以将学习行为在知识学习过程中进行有效的实施,教会学生学会学习也就是教会学生掌握一定的学习策略。因此,学习策略是具有终身性的教师通过学习策略的教学来减少教学和训练时间,达到减轻学生学习负担的目的。

第二节 边远山区农村初中生使用学习策略状况的调查与分析

一、研究方法

(一) 研究对象

以吉林省东南部边远山区的农村初中生为调查样本学校,根据学校的规模(班级数、学生数)按一定比例抽取七年级至九年级学生为调查对象,采用网络调查形式,发放和回收网络问卷均为 2 487 份,回收率为 100%;其中有效问卷 2 218 份,有效率为 89.2%。有效问卷中调查对象的具体情况为:男生 1 341 人,女生 877 人;七年级 862 人,八年级 813 人,九年级 543 人;班干部 364 人,普通同学 1 854 人;来自正常(健全)家庭的学生有 1 392 人,单亲家庭的有 487 人,属于留守初中生的 339 人;父母参与辅导学习的 566 人,未参与辅导学习的 1 652 人。

(二) 研究工具

采用蒋京川翻译并修订的 Yesim Somuncuoglu 的《学习策略问卷》测量被测试的学习策略状况。该问卷主要综合了 Weinstein & Mayer (1986)、Pintrich (1991) 等人的问卷项目,共 17 道题目。将学习策略分为浅表策略、深加工策略、元认知策略三个分量表,分别包括 7、5、5 个项目。α 系数分别为 0.70、0.80、0.77。本问卷采用 5 点计分,从"从不如此"到"总是如此",分别为"1"到"5"分。

(三) 研究程序与数据处理

本研究以班主任作为主试者,通过相同的测量工具进行网络问卷调查。网络问卷通过问卷星编辑,班主任在班级群中发放,要求被试者独立阅读指导语,认真作答。调查结束后,对问卷进行筛选整理,剔除无效问卷。采用 SPSS 21.0 软件进行数据处理,采用描述性统计、独立样本 t 检验、方差分析等方法进行统计分析。

二、研究结果

（一）边远山区农村初中生使用学习策略基本状况

1. 边远山区农村初中生使用学习策略的总体水平

采用描述性统计分析的方法进行分析表明，边远山区农村初中生的浅表学习策略使用得分是 3.808±0.661，从不使用浅表学习策略的学生占 0.2%，偶尔使用浅表学习策略的学生占 1.3%，有时不使用浅表学习策略的学生占 8%，多数情况使用浅表学习策略的学生占 44.1%，总是使用浅表学习策略的学生占 46.4%；深加工学习策略使用的得分是（3.512±0.740）分，从不使用深加工学习策略的学生占 0.3%，偶尔使用深加工学习策略的学生占 3.8%，有时不使用深加工学习策略的学生占 16.8%，多数情况使用深加工学习策略的学生占 47.3%，总是使用深加工学习策略的学生占 29.8%；元认知学习策略使用的得分是（3.689±0.717）分，从不使用元认知学习策略的学生占 0.4%，偶尔使用元认知学习策略的学生占 2.4%，有时不使用元认知学习策略的学生占 15.8%，多数情况使用元认知学习策略的学生占 52.9%，总是使用元认知学习策略的学生占 28.5%。

2. 边远山区农村初中生使用学习策略状况百分比

对所得数据进行进一步分析，从而更详细地了解边远山区农村初中生使用学习策略状况，见表 4-1。

表 4-1　边远山区农村初中生使用学习策略状况人次百分比

选项	从不如此/%	偶尔如此/%	有时不这样/%	多数情况如此/%	总是如此/%
（1）学习时，我经常在我认为重要的内容下面画线	3.3	5.9	17.7	48.9	24.2
（2）学习时，我会对教材和笔记的主要内容进行概括和总结	3.2	11.1	22.9	46.8	16.1
（3）学习时，我注意总结不同章节内容之间的区别与联系	3.5	12.2	27.5	44.2	12.5
（4）学习时，我努力记住有可能考试的所有内容	2.6	7.7	17.0	47.4	25.3

续表

选项	从不如此/%	偶尔如此/%	有时不这样/%	多数情况如此/%	总是如此/%
（5）复习时，我会把教材和笔记中的重要内容整理成提纲或网络图	8.7	19.5	28.2	33.9	9.7
（6）复习时，我会反思和检查自己在哪些方面还存在问题，然后重点复习这些内容	2.8	9.3	18.3	48.2	21.4
（7）学习时，我常常反复读课堂笔记和参考资料，使自己能记住它们	2.6	9.7	21.3	48.0	18.4
（8）学习时，我会将参考书中的重要内容直接摘抄到笔记上	3.5	11.0	19.0	44.4	22.1
（9）学习时，我会根据自己的理解将教材和笔记的内容综合在一起	3.0	9.8	22.6	47.6	17.0
（10）学习时，我努力记住重要概念中的关键词	2.3	5.4	14.2	52.2	25.9
（11）学习的不同阶段，我都会为自己定一些学习目标，以监督和指导自己的学习	3.3	11.1	25.4	45.2	15.0
（12）学习时，我常常在心里默念教材上的重要概念和原理	3.0	8.3	20.2	51.4	17.1
（13）学习时，我会带着问题进行阅读，使自己更能集中注意力	3.0	9.5	20.1	46.9	20.5
（14）学习语文时，我会根据课文的基本观点将它分成几个部分，并努力找到各部分之间的联系	3.0	11.1	22.6	47.7	15.6
（15）学习时，我将重要的概念和公式抄下来，并努力记住它们	2.2	7.7	15.8	46.9	27.4
（16）我会根据不同老师的教学风格来确定自己的课堂学习方式	5.3	10.8	25.1	40.5	18.4
（17）学习时，我经常会反思一下哪些内容自己掌握得不够好	2.9	7.1	17.2	49.5	23.2

由表 4-1 可见，边远山区农村初中生使用学习策略状况较均衡，但运用"复习时，我会把教材和笔记中的重要内容整理成提纲或网络图"这种策略的人数不多。

（二）边远山区农村初中生使用学习策略状况在人口学变量上的差异比较

为了解边远山区农村初中生学习策略使用状况在性别、年级、是否班级干部、家庭模式、父母是否参与辅导学习方面上差异是否显著，对学习策略各维度进行了差异比较，见表 4-2。

表 4-2 边远山区农村初中生学习策略使用状况在各人口统计学变量上的差异（$M \pm SD$）

项目	维度	浅表学习策略	深加工学习策略	元认知学习策略
性别	男	3.687 ± 0.696	3.449 ± 0.773	3.605 ± 0.749
	女	3.908 ± 0.612	3.564 ± 0.708	3.760 ± 0.682
	t	-8.434***	-3.855***	-5.392***
	p	0.000	0.000	0.000
年级	七	3.880 ± 0.636	3.597 ± 0.729	3.760 ± 0.699
	八	3.778 ± 0.668	3.468 ± 0.735	3.646 ± 0.719
	九	3.582 ± 0.691	3.304 ± 0.772	3.563 ± 0.770
	F	19.718***	17.394***	10.594***
	p	0.000	0.000	0.000
是否班级干部	是	3.962 ± 0.590	3.640 ± 0.677	3.861 ± 0.653
	否	3.751 ± 0.676	3.465 ± 0.757	3.627 ± 0.729
	t	7.122***	5.239***	7.291***
	p	0.000	0.000	0.000
家庭模式	健全	3.833 ± 0.650	3.531 ± 0.736	3.711 ± 0.710
	单亲	3.734 ± 0.660	3.459 ± 0.739	3.621 ± 0.728
	留守	3.628 ± 0.752	3.371 ± 0.774	3.550 ± 0.767
	F	9.404***	4.424**	5.338**
	p	0.000	0.012	0.005
父母辅导学习	是	3.926 ± 0.689	3.652 ± 0.694	3.807 ± 0.661
	否	3.645 ± 0.694	3.320 ± 0.758	3.528 ± 0.759
	t	10.710***	11.333***	9.763***
	p	0.000	0.000	0.000

注："**"代表 $p < 0.01$；"***"代表 $p < 0.001$。

表 4-2 表明，在性别变量上，无论浅表学习策略、深加工学习策略还是元认知学习策略都具有显著的性别差异，且男生的得分显著低于女生。

在年级变量上，无论浅表学习策略、深加工学习策略还是元认知学习策略都具有显著的年级差异，经 LSD 事后比较结果表明，在浅表学习策略、深加工学习策略维度，七年级得分显著高于八年级，八年级得分显著高于九年级。在元认知学习策略维度上，七年级得分显著高于八九年级，八九年级差异不显著。

在是否是班级干部方面，无论浅表学习策略、深加工学习策略还是元认知学习策略都具有显著的差异，且班级干部的得分显著高于普通同学。

在家庭模式变量上，无论浅表学习策略、深加工学习策略还是元认知学习策略维度都具有显著的家庭模式差异。经 LSD 事后比较结果表明，在浅表学习策略、深加工学习策略和元认知维度上，健全家庭得分均显著高于单亲和留守家庭，单亲家庭和留守家庭差异不显著。

在父母是否参与辅导孩子学习方面，无论浅表学习策略、深加工学习策略还是元认知学习策略维度上都具有显著的差异，且父母不参与辅导孩子的学习的得分显著低于父母参与辅导孩子的学习。

三、讨论

（一）边远山区农村初中生使用学习策略基本状况分析

调查结果表明，大部分边远山区农村初中生都能使用一定的学习策略进行学习，包括浅表学习策略、深加工学习策略和元认知学习策略。学习策略种类、层次繁多，不同学习策略可用于不同的问题和情境，不同策略针对的任务有所不同。有的策略受任务限制，只能用于特定学科或内容，如数学解题策略、写作策略。而有的策略不受学科或内容限制，可以用于一切内容，如复述策略、组织策略。大部分边远山区农村初中生使用浅表学习策略的情况更普遍，如在大部分的情况下会在重要的内容下面划线或将参考书中的重要内容、概念和公式直接摘抄到笔记上，但是较少把教材和笔记中的重要内容整理成提纲或网络图；努力记住有可能考试的所有内容，但并不一定真正理解。整理成提纲或网络图是较为重要的一种深加工策略，它能促进有效编码，这对学习有重要意义。在实践中，概括要点整理成提纲或网络图策略经常被使用于高效的教育教学活动中。根据知识的语义和意义，概括要点促进学习者在知识的编码阶段对要点知识进行"精加工"或"深加工"，这种学习策略能有效地促进关键知识的编码，强化关键知识的记忆。当然，边远山区农村初中生也不是完全只使用浅表学习策略，也会在学习时使用元认知策略，如复习时会反思和检查自己在哪些方面还存在问题，然后重点复习这些内容；带着问题进行阅读，使自己更能集中注意力。学习是一种深层架构，学习者在学习时反复经历一系列的活动：在要素之间建立关系、比较、持续搜寻、寻找解决方案等，在这个过程中，学习者的内心活动才是学习成效的指标和决定性要素——学习并不是材料的累积，而是认知机制的转化[1]。深加工学习策略是在理解的基础上，学习者能够批判地学习新思想和事实，并将它们融入原有的认知结构中，能够在众多思想间进行联系，并能够将已有的知识迁移到新的情境中，做出决策和进行解决问题的学习。因此，从过程来看，浅表学习策略、深加工学习策略最初的形式都是一种主动认知的过程，都是建立在已有的认知基础之上的。但深加工学习策略能够更多地激活大脑，大脑被激活得越多，能够提取的东西也越多，因而，深加工学习策略的好处不仅仅在于促进较好的学习，也能够为我们分析问题时提供思维线索。那些缺乏学习策略以及应用水平不高的边远山区农村学生会在后继想学习中倍感吃力，面对一些难题更是无从下手。

通过进一步访谈了解到，大部分边远山区农村初中生通常按照"课前预习、课堂听课、课后作业、考前复习"这几个步骤去进行学习。而对于课前预习，很多学生则表示如果在上课之前有时间才会看看课本，至于怎样预习是有效的则一无所知。另外，教师应该是学生学习策略的专业性指引者，但实际情况是，他们对于学习策略方面的知识和意识都比较比较欠缺。城镇学校无论在资源配置还是在师资质量上，一般均优于农村学校，边远山区农村学生无论在学习资源获取的途径、方式及能力上均欠缺，因此城镇学生能够更好地调用资源管理策略，有效整合家庭学校及互联网资源，而农村户籍学生的资源相对匮乏，教师能力有限，学生接触信息较少，认知模糊，对于学习策略都没有一个明确的认识，学生没有一套正确的学习方法，无法构建自己的知识模型与框架，在学习中过多的处于被

---

[1] 黄显华. 观想学习——古今中外名人终身学习的启迪 [M]. 香港：商务印书馆, 2018.

动状态，不能找到问题的症结所在。

造成这种情况关键的因素是，由于农村教师数量严重缺乏，教师仅能够保证教学的正常运行，教师在求知与工作的过程中，也很少接触到学习策略方面的知识与技能的专业性培训。即便是一些教师想对学生进行学习策略的培训，很多时候也是心有余而力不足，也并不一定能对在学生学习策略方面进行有效的指导。有很多教师在课堂教学中也会结合实际需求将一些基础的学习策略融入其中，如指导学生进行课前预习与课后复习等，但是却未能明确地告知学生在知识预习与复习中应当采取哪些方法与操作程序、未能够针对学生的个性差异指导学生采用不同的预习复习策略等。

（二）边远山区农村初中生使用学习策略状况在人口学变量上的差异比较

在性别变量上，无论浅表学习策略、深加工学习策略还是元认知学习策略都具有显著的性别差异，而且男生的得分显著低于女生。究其原因可能在于，从学生的身心发展特点分析，男生相比女生更为调皮，自控力不如女生，而且该阶段的男生情绪波动较大且较难引导，个体间学习策略的水平差异较大，而此阶段的女生思维方式更为理性，情感态度更加趋向成熟和稳定，因此女生在学习策略各个维度水平上的得分稳定且高于男生。

在年级变量上，在浅表学习策略、深加工学习策略维度，七年级得分显著高于八年级，八年级得分显著高于九年级。在元认知学习策略维度上，七年级得分显著高于八、九年级。调查结果表明，总体看来，七年级在学习策略的使用上要显著优于八、九年级，按照年龄增长与学习策略的关系应该是随着年级的升高，学习策略使用的频率越多。而本研究却得出相反的结论，究其原因并结合对边远山区农村初中生学习动机的调查，可能是因为七年级学生刚刚升入中学，学生对学习科目的兴趣较高，出现了很多有趣的科目，七年级的学生更想去探讨知识的本质，而不是简单的只关注学习的结果，随着年级的升高，学业的压力越来越大，学生的学习动机转为浅表的外在动机，更多的将注意力集中在完成作业和学习任务上，因而认知资源被限制，无法采用学习策略。

在是否为班级干部变量上，班级干部无论浅表学习策略、深加工学习策略还是元认知学习策略都显著高于普通同学。参照维果茨基的最近发展区理论，应设置最近发展区为努力的目标，选择与自身差距不大但优于自己的学生作为榜样。

此时，学生在模仿与自己相似的榜样学习过程时，才能摆脱能力的制约，更容易将学习策略习得，从而提升学业成就。因此，针对这类学生，教师在帮助学生树立榜样意识的同时，需特别关注学生榜样选取的对象，帮助学生选择"最近发展区"内的榜样。

在家庭模式变量上，在浅表学习策略、深加工学习策略和元认知维度上，健全家庭得分均显著高于单亲和留守家庭，单亲家庭和留守家庭差异不显著。健全家庭有着更好的学习氛围，父母在身边，即使不是经常指导孩子学习，孩子也能够有更多的机会跟家长沟通，可以发现自身在学习习惯或学习方法上的不足，从而完善自身的学习策略，取得更高的学业成就。

在父母是否参与辅导孩子学习方面，父母参与孩子学习的学生无论浅表学习策略、深加工学习策略还是元认知学习策略维度上得分都显著高于父母不参与辅导孩子学习的学生。对于边远山区农村的父母如果能够参与辅导初中生学习，说明父母的觉悟较高，也有一定的辅导能力，这样的家庭对于教育会有一定正确的认知，有可能通过手机、计算机、电视等渠道学习一些教育知识，这样的家庭培养出来的学生，能够把学习看作是一种通过在个人已有的知识和经验与新接受的信息和观念之间建立联系，从而开展具有个人意义的活动，而父母不参与孩子学习的学生对学习的认识性不足或者仅将学习看成是记忆和复制知识的事件，学生的学习意识和观念不同，他们处理日常学习任务的方法和策略也就不同。

第三节 学习策略的培养

王国恩指出：学生在初中阶段有从外部获得学习策略的特点，但实际上还没有形成策略性学习的能力，对于已学过的学习策略还不能做到有效地持续和迁移使用。但是在中学阶段，学生的思维能力逐渐成熟，也是训练学习策略和掌握学习策略的较好时期。因此，对学生的学习策略进行研究，对促进学生的终身发展是有着非常重要的作用的。

一、建立科学正确的学习策略观念

要想通过教师对学生进行学习策略的教学，就要更新边远山区农村教师的教育理念和改进教师的教学方法。第一，教师要从根本上摒弃传统守旧的教学理念，摒弃单纯说教式、灌输式的教学方式，明确教学的真正含义。第二，教师也要加强自身的学习，不断地学习先进的教学理念，并以此作为基础，呼应国家教育部提倡的新课程理念下的教学，在具体的教学过程中充分体现新课程教学理念所呈现的科学性、先见性以及学习理念、学习方式等的不断变化，创新课堂教学方式，调动学生的学习积极性，更好地提升课堂教学的效率，从而对学生进行正确的指导，优化学生的学习策略。第三，教师在教学过程中应该唤起学生使用学习策略的意识，特别是深加工策略和元认知策略，培养学生使用学习策略的观念。第四，教师要有意识地与学生进行真正深入的有关学习的对话，一起探讨表层学习和深层学习究竟是什么样的学习活动，表层学习和深层学习各有什么特点，它们之间有什么区别，深层学习具有什么价值，以及如何避免表层学习、实现深层学习等问题。

二、通过教学训练学习策略的使用

对于教学第一线的实践工作者来讲，一种好的方法，不仅应该有先进的理论作为基础，而且应该具有程序化的操作步骤。学习策略是可以进行教学的，并且学习策略的教学也是必要的，专门开设学习策略课已成为当前学习策略训练的一大趋势，但是学习策略的教学与一般的学科知识的教学又有所不同，它的难度较大。

对于一些具有学科学习特色的"专用型学习方法"最适宜的传授方法是在具体的课堂教学过程中进行渗透。就拿语文课中的汉字学习来讲，在学生遇到生字时，教师不要自己直接向学生介绍该生字的读音、书写笔顺和所反映的意思，而是向学生介绍如何（部首、笔画、拼音等）查字典，让学生通过自己查阅字典了解生字的读音、书写笔顺和所反映的意思。这样，在教学的过程中，既完成了具体的教学任务，又使学生掌握了识字的学习方法。

在日常的教学过程中向学生渗透学习方法是一种十分自然而且效果最好的方法。这种传授方法可以与日常的教学活动有机地结合起来，使"方法"得到"内容"的直接支撑，不仅学生比较容易接受，而且"方法"及时得到应用。当然，为了保证能在日常的教学过程中不断向学生渗透基本的学习方法，教师应该备课的时候就考虑这样一些问题：学生在学习课堂教学的内容时需要哪些学习方法？在这些学习方法中，哪些学习方法是学生已经掌握了的？应该如何在具体的教学过程中向学生渗透一些新的学习方法？只有这样，才能使得学生在课堂学习的过程中，不仅掌握学科知识，而且还掌握和应用基本的学习方法。应该注意的是，在教学过程中向学生渗透基本的学习方法时，"渗透"要自然，不能勉强。否则，效果就会不理想。

三、学习策略的训练

从目前学习策略的教学尝试来看，单独开设学习策略课，可采用以下两种教学模式。

（一）通用思维策略训练

该模式的策略训练内容不涉及任何特定知识，通过单独开设学习策略课，训练学生学会学习的一般方法与技巧。如训练适合任何课程的复述策略、精制策略、组织策略等。关于这类训练模式，正如一些批评者指出的，这种不与专门知识相结合的训练对学生知识领域的学习帮助不太明显。训练思考的一般方法与技能，传授适合于任何课程设计及任何形式的思维。美国、日本、委内瑞拉、以色列等国已在各年级学生，甚至公职人员中广泛地开展了此类实验与训练，取得了令人瞩目的成果。如德波诺（Debono）的思维教程通过创设大量的日常生活的问题情境，训练学生的思维。该教程分六个单元，每一个单元又分为10节课。每一个单元讲一个共同的课题，每一节课围绕一个中心。教程的六个单元为：①南北取向法。训练学生从不同角度分析事物，如考虑它的有利因素、不利因素、有趣因素；②观鸟法，也称为注意目标取向法。训练学生发现"事实"和"看法"，要求能寻找出"关键"的迹象，并能观察和识别错误的原因，其目的是提高学生的观察能力、判断能力和识别能力；③苹果分类法，也称间接注意法。让学生把东西分成类别，以使学生在分类的过程中，对被分类的东西进行全面的仔细考察。此训练"分类"只是手段，其目的是使学生通过分类而认识被分类事物的所有方面；④分离法，也称固定注意焦点法。训练学生学会在一定程度上控制注意力的流动，能随时把注意力集中于任何一点上，特别是通过分离事物，能把注意力指向平时难以注意的地方；⑤纵横框架法，也称缜密思维法。训练学生从横向和纵向考虑多方面的问题，以保证思维的每一个侧面都受到注意。⑥思维过程模式法。训练学生把注意力指向一些基本的思维过程，如分析、比较等。它要求学生首先确立思维过程的模式，然后再去应用这些模式。目前研究者一般不主张使用该模式进行学习策略训练。

（二）学科思维策略训练

此类模式中的学习策略训练结合特定学科内容而编制，直接传授特定学科学习的方法与技巧。如专门传授语文或数学学科的学习方法与技巧的阅读理解策略和应用题解题策略就属这种类型。该类教学训练针对性强，根据学科内容编制，直接传授学科思维的方法与技能。要使学生掌握基本的学习方法，特别是基本的通用型学习方法，最好是通过开设学习方法指导课，向他们有意识地、系统地传授科学的学习方法知识。不少中小学的实践证明，这是加强对中小学生学习方法指导的一条有效途径。从一般中小学开设学习方法指导课的经验来看，要使学习方法指导课取得预期的效果，必须得使学生在全面了解学习的本质、学习过程的特点和规律、学习的生理心理机制以及学习动机、学习兴趣的培养与激发等知识的基础上，明确学习方法的目的和意义，掌握基本的通用型学习方法，并能够将这种基本的学习方法应用到具体的学习过程中。

该类教程主要有以下几种。

1. 波利亚（Polya）的专门培养数学思路的启发式教程

这种教程体现出来的方法包括：①用图表或曲线图把待解决的问题呈现出来，使问题变得直观，易于理解；②把一个复杂的问题用另一种方式组织，使它能以简单明了的方式被阐述清楚，或者用数字公式表达出来，这样，复杂的问题就简单化了；③把一个复杂的问题通过分析，分解为一些简单的组成部分，由于各组成部分比较容易得到解决，最终复杂问题也能得到解决。通过问题的类比，当遇到一个难题百思不得其解时，应该转而思考一个熟悉的某种相似性的问题。通过类比，使难题获得解决。

2. 应用题解题策略训练教程

该教程是根据小学生解应用题困难的主要原因不是缺乏知识，而是缺乏解题策略而编制的，主要训练六种解题策略。①简化法：包括勾画重点及简化写式。勾画重点就是删去影响思考的枝节与修饰；突出问题和条件；简化写式即把错综复杂的文字描述写成算式，使条件和问题的关系一目了然。②图解法：以线段图或草图呈现待解决的问题，把问题模型化和直观化。③多结构训练法：通过扩、缩题的变化使学生理解简单应用题是怎样一步步变复杂的，复杂应用题又是如何一步步变简单的。④联想法：让被试联想以前解过的相同或类似的题，以解决当前题。⑤假设法：主要是把复合关系单一化，使问题容易得到解决的方法。⑥对应法：包括列出对应条件及找对应分率，通过排列出对应条件，找到与题中具体数量相对应的分率而找到解题思路。

3. 几何思维策略训练教程

该教程是在对优等生和中等生对比研究的基础上，总结出五种相互联系的思维策略编制而成的。①直觉判断题的类型（明确思维大方向），即在准确理解题意的基础上，先直觉判断一下题的类型，可以问自己"这一道题属于哪一种类型？"或问"它和过去解过的哪一种相类似？"必要时用化简求证的形式或问题，以期和头脑中学过的某些定理或题型挂上钩，并首先考虑"优先"的思路。②充分利用已知条件（顺向推理），即直觉地判断优先考虑的思路之后，充分利用已知条件进行顺向推理。当感到走投无路时，要问自己，"还有哪些已知条件没有用上？如何使用它们？"③使已知与未知取得联系（逆向推理），即不仅要善于运用已知条件作顺向推理，而且要考虑如何将已知条件与未知条件取得联系。要运用逆向推理使已知与未知之间的距离缩短，便于在心理视野范围内找到一条通径。④使已知与未知取得联系（作辅助线），即在双向推理的基础上才考虑辅助线，辅助线必须有助于使已知与未知取得联系，特别要优先考虑如何使"未充分使用的已知条件"与未知条件取得联系。⑤解题后的反思，解题后，总结思路中的不一般处，供以后在类似的情境中运用。

该套思维教程曾在五所不同水平的学校进行了训练，结果表明，训练效果较为显著。这类结合学科内容编制的思维教程是在已有知识的基础上专门讲授学科思维方法与技巧，以直接提高学生的学科学习成绩为目的。以上结合学科知识编制的思维策略及其训练的效果表明，结合学科知识进行思维训练是可行的、有效的。一些心理学家认为。解决问题的最有希望的做法，是把重点放在专门学科问题解决的逻辑推理与策略上。

4. 阅读理解训练

要提高阅读理解的效果，就必须充分重视阅读理解技能的训练。对阅读活动进行分析、总结，寻找出阅读活动的相应技能与程序，并根据它们对学生进行全面的阅读训练，对于提高学生的阅读理解能力，无疑具有重要的作用。阅读活动技能训练和阅读程序训练是当前语文阅读理解训练最盛行的方法。

1）阅读活动技能训练

A. J. 哈里斯根据不同类型的阅读提出了各种类型的阅读应具备的阅读技能。①发展性阅读。要求：掌握基本的阅读技巧，包括大量的常用词汇，发展识别生字的能力，形成良好的眼动习惯，养成正确的阅读姿势与习惯，发展有一定速度的、流畅的默读能力，发展朗读技巧，如分解句读、表情、音调、音量、清晰度等。培养阅读理解能力，要求拥有丰富的词汇量，领会逐步扩大的意义单元（包括短语、句子、段落、文章），寻找指定问题的答案，选择和理解文章的主要思想，厘清事情的发展顺序，记录和回忆细节，把握文章结构，正确地遵从指导语对阅读内容作出评价，记忆已读的文字材料。②功用性阅读。要求：根据需要而检索阅读材料，主要应有使用索引、目录、词典、百科全书、图书卡片档案、文献目录等各种手段搜索所需信息材料的能力。对情报资料的理解能力，这就需要运用上述"发展性阅读"中的一般阅读理解能力，发展适应具体专业材料的阅读能力，选择自己所需材料的能力，对所读材料的内容进行组织的能力。③消遣性阅读。要求：激发阅读的兴趣，把欣赏书籍作为自由闲暇时间的一项活动，能够熟练选择娱乐性读物，使阅读的兴趣和阅读鉴赏得到满足。增进和提高阅读兴趣，要能形成更广泛的和更有效能的阅读兴趣，通过阅读促进个性的发展；精益求精地评价和鉴赏，发展对语言风格和优美性的欣赏水准，学会发掘更深层的符号信息。我国研究者则主要从阅读活动入手，提出在阅读活动中所应具备的阅读技能，一般包括12项：认读字、词；划分段落，概括段意；概括中心思想；分析、评价文章思想内容；分析、评价文章结构；分析、评价文章的语言；根据一定的目的寻找、选择必要的材料；运用字典、词典的能力；利用书目索引查找图书；利用目录、序、跋了解书中内容；根据不同的目的选择并熟练地运用适当的阅读方式，边阅读、边思考、边笔记。

现在的倾向是对阅读活动技能的划分越来越细，因此要对学生进行大量的、全面的教学训练，无疑将占据语文教学的大量时间，在实际教学中难以完成。就学生个体而言，也不太可能按照阅读技能对自己进行系统的训练。况且学生阅读技能的发展本身就不平衡，这给技能的训练带来了困难。因而对学生而言，阅读程序训练无疑更受欢迎。

2）阅读程序训练

掌握阅读程序是阅读策略训练的重要内容。常用的阅读程序及教学训练主要有以下三种。

（1）四环节阅读方法。该方法是通过由点到面的综合概括，逐步缩小记忆范围，利用较短的时间掌握全部的学习内容的一种阅读方法。它比较适合学习新知识的阅读，特别适合需要记忆的学习材料的阅读。这种阅读方法有精读材料、编写提纲、尝试背诵和有效强化等四个环节。精读材料就是对所学习的内容，抓中心，细心阅读，根据材料的不同类型，不同分量，掌握其要点、重点和难点，理解知识间内在的必然联系，在大脑内形成一个知识的网络。所谓编写提纲，即在理解所学内容的基础上细致地进行筛选、概括、组织，然后根据材料的性质，用自己的语言，提纲挈领地编写提纲（每篇划分几个部分，每部分划分几段，每段概括为一句话），从而使学习内容有条不紊，简单直观地展现出来。编写提纲是提高阅读者智力活动的积极有效方法。层次分明、逻辑性强的提纲，便于进行记忆和保持，有利于再现材料的"意义依据"，实际也就是"提高钩玄"。尝试背诵就是对所编写的提纲，按照顺序一遍一遍地试着背诵（回忆），遇到不会和不清楚的地方再翻书本对照，进行"反馈"，然后有针对性地记忆薄弱环节，进行二次"反馈"，这一过程是对学习材料进行内化的过程。有效强化就是用最短的语言，抓住概念的内涵、实质和学习材料的核心内容，再对提纲进行压缩，使之成为简纲（把每句压缩为关键的几个字），然后针对简纲，进行强化回忆，在头脑中留下长久的印象。

（2）五步阅读自学法。这种方法将阅读过程划分为五个步骤，同时为提高阅读的效率采用了提问单的形式对阅读过程进行监控。①概览，指开始阅读时首先从整体上大概了解文章是关于什么内容的，其目标是对所学材料形成一个粗略的整体印象；②初读，对课文有了整体的粗略印象后，开始第一遍阅读，主要目标是逐句逐段地理解课文的字、词、语句与段落，这样可以通过做记号的形式将不认识的字、词、句画出来；③细读，在初读之后，通过查资料扫清了阅读理解上的障碍后，开始细读，其目的是把语句与段落联系起来，达到连贯理解的目标。这个阶段主要的阅读技巧是善于理解句子之间、段落之间的关系；④提要，将文章中的主要内容用笔勾画出来，达到浓缩知识，抓住精华，同时达到掌握文章结构的目标，这个步骤可以有效地了解我们的阅读状况；⑤检测，根据阅读目标查看自己是否完成了任务，是否需要采取一定的补救措施。为了更有效地阅读理解，这种方法采用了阅读理解自我监控问题单的技术，将上述五个步骤列入提问单，以有效地监测阅读过程。

（3）REAP法。即通过阅读（read）、编码（encode）、注解（annotate）、沉思（ponder）等四阶段的活动，力图将课文中的语言转化成读者自己的语言。

从上述方法可以看出，常用的阅读程序训练抓住了阅读的核心，即理解问题。在阅读中，力图激发读者的思维活动，主要通过问题及其解答来激发阅读中积极的思维活动。力图理解文章中的信息，将作者的信息转化为自己的语言，并力图通过理解达到对文章内容的记忆。

四、提供灵活使用学习策略的机会和条件

学习方法是构成学习策略的知识基础和技能基础。如果没有具体的学习方法的支撑，学习策略就难以形成。但是，学习策略本质上是对学习方法的应用，如果学习方法在具体的学习过程中得不到具体的应用，也就不存在什么学习策略。因此，为了使得学生在掌握学习方法的基础上，能够形成和发展学习策略的水平，教师在具体的教学辅导过程中，应该有意识地给学生提供灵活使用学习方法的机会和条件。一个学生，通过教师在平时的课堂教学或辅导过程中，或者在学校开设的学习方法指导课和学习方法讲座中，能够了解和掌握许多学习方法。但是，他们并不将这些学习方法应用到具体的学习过程中，或者说不会把这些学习方法应用到具体的学习过程中，就说明他们还没有在掌握学习方法的基础上形成必要的学习策略。这种情况就说明学习方法的掌握并不一定等于学习策略的形成。

（一）根据教学的要求和学生的特点创设活动情境

学生使用学习方法的机会和条件是在教学的活动情境中出现的。因此，要向学生提供灵活使用学习方法的机会和条件，就必须给予学生灵活使用学习方法的机会和条件的教学情境。根据教学的规律，课堂中的活动情境的创设并不是在课堂教学展开的过程中随机进行的，而是在事前就有所计划和安排。这种事先的计划和安排实际上就是备课的主要内容。因此，为了保证教学过程能够给学生充分提供灵活使用学习方法的机会和条件，首先就要抓好备课工作，以学生的学习来考虑教学内容的组织和教学活动的设计，以活动情境的创设来保证增加学生在课堂学习中的思维空间。

（二）在课堂教学过程中能对学生各种表现进行灵活处理

课堂教学过程当然是按照备课所确定的设计，组织、帮助和指导学生进行具体的学习。但是，在学生学习的过程中，难免会产生一些教师事先在备课过程中并没有考虑周全的问题。遇到这种情况，教师对具体出现的问题进行灵活处理。处理这类问题的基本原则是要设法给学生提供灵活使用学习方法的条件和机会。

五、提高学习的元认知水平

对学生进行元认知训练的方法主要是根据学习结果对学习过程进行反省。学生的学习结果当然包括平时的作业和考试情况。由于平时的作业天天要做，这是几乎每天都能产生的学习结果，所以把元认知训练的重点放在"反省"上面。对传统的作业批改方式进行改革。教师对学生的作业，只在过程和结果正确的题目上打对号，而对于那些过程错误或结果错误的题目不是简单打上一个错号，而是让学生自己去寻找错误的原因所在。当学生自己寻找错误的原因所在确有困难时，教师给予个别的帮助和指导。对于没有得出正确结果或过程有错误的作业题，要求学生在进行反省的基础上再订正。反省的内容包括"错在哪里"，开始的时候由教师指出，一段时间后便由学生自己寻找，"为什么会产生错误"和"现在还能不能正确地解决"等。当学生完成反省的过程后，便要求他们把正确的解题过程（或结果）重新写在另一"订正本"（本子的名称由学生自己确定，如有的学生将其称为"小镜子")上。当然，学生根据学习的结果来反省自己的学习过程的内容并不局限在"纠正错误"方面，还有一个重要的方面是"强化成功"。为了帮助学生"强化成功"，老师在批改学生作业的过程中，针对学生的实际，因人而异地批注上各种批语。批语有"夸奖""督促""同情"和"商量"等四类。另外，为了巩固每天的"反省"效果，进一步扩大"强化成功，矫正错误"的成果，还要求学生每周写"学习反省"周记。周记的内容是一周学习成功和解题错误的总结，包括成功（错误）在哪里、为什么会成功（错误）和现在的体验如何等内容。

第五章

边远山区农村初中生考试焦虑状况调查及应对策略

第一节 考试焦虑概述

一、考试焦虑的含义

"考考考,老师的法宝;分分分,学生的命根"。在目前这样一个高度竞争的年代,各种考试伴随的我们,考试已经成为这个时代的标志,考试变得越来越重要,各种考评在很大程度上决定了人的发展,每个人面对个人认为重要的考试都会紧张。例如,应对研究生考试、职称考试、招聘面试等,担忧和焦虑也深深困扰着人们。Zeidner 认为,在西方社会,考试和评估已经成为重要的应激源之一,因为考试和评估的结果直接影响到个体在学校和工作中的地位。对于学生而言,考试更是最为突出、最受关注的问题之一。与成年人相比,孩子更容易产生焦虑。例如,初中生,中考对他们来说是人生中第一次重大考试,因为参加重大考试的经验比较少,加上老师和家长的重视,初中生更容易出现焦虑状况。

耶鲁大学的 Sarason 等作为考试焦虑研究的奠基者,构建了初步理论框架并进行了大量的实证研究。我国对考试焦虑的研究起步较晚,研究的方向主要集中在学生方面。Mandler 和 Sarason (1952) 认为,焦虑就是驱动力,考试焦虑能引起促进任务完成的,如高度的生理唤醒等任务相关反应,及自我中心的如回避行为、担心伤自尊和无助等任务无关反应。Sarason 从考试焦虑发生的角度认为考试焦虑是由于个体在面临考试状态下，出现对于自己的贬低、自我效能感的减少且认为自己不足以应对考试情景要求而诱发的一种行为。Sieber 从观察学生行为的角度进行判断，认为考试焦虑是由于担心考试而产生的表现在生理和行为反应上的一种外在形式。Zeidner（1998，2010）认为考试焦虑是指伴随评估情景中因消极后果或失败的担忧引发的一系列现象，包括生理和行为反应，在教学情景中通常有考试焦虑、教学焦虑、计算机焦虑和评估焦虑等。国内学者朱智贤则认为考试焦虑是个体不能达到目标或者不能克服障碍，使得自信心受挫，或者使得失败感增加的一种紧张不安，带有恐惧的情绪状态。荆其诚则认为，考试焦虑是一种对来自非真实危险情景的一种心理反应。田宝指出："考试焦虑是由考试引起的焦虑，是学生面对考试情境所产生的担忧、自我关注、自我聚焦等认知反应和相应的生理唤醒、典型行为交织而成的复杂情绪反应"。

就目前的研究来说，对于考试焦虑的观点并不一致，国内外学者都还没有一个统一的定义，考试焦虑这个概念语意上存在一定的混淆，究其原因是由于一些研究者用不同的含义研究这个术语。含义虽然逻辑上相关，却是不同的概念，包括评估刺激和情景、特质焦虑和状态焦虑（Zeidner，2007）。一直以来许多研究者均认为教育情景中考试焦虑是在考试或者测验情境下所激发出来的，是因为学生认为自己的智力、动机和社会能力不能达到测试的要求，从而通过不同的情绪反应形式表现出来的心理状态。随着研究的深入，被研究者广泛认定的是 Spielberger（1995）提出来的关于考试焦虑的界定。他从状态焦虑和特质焦虑两个维度出发，认为考试焦虑是由个体的评价产生的担心，是一种情景具体性的人格特质（situation - specific personality trait），即个体在评价情景中表现出过度担忧、侵入性思维、心理混乱、紧张及生理唤醒。个体考试焦虑的产生与个体在长期生活环境中形成的稳定的认知方式、行为特点相关，个体如何看待自己的能力、对考试结果期望如何以及对考试的成就动机高低都直接影响个体的考试焦虑程度。

Alpert 和 Haber（1960）通过研究认为考试焦虑分为两种类型：促进型和损害型。促进型考试焦虑能够促进考试的完成提高个体的考试成绩；损害型考试焦虑则会损害个体考试的发挥，降低个体的考试成绩。只有把这两种考试焦虑的量

表一起用才能够更好地帮助学生预测考试成绩，也可以让学生对自己的考试焦虑有正确的认识。脑科学研究显示，杏仁核（amygdala）是人类情绪的"马达"。适当的焦虑有助于能力的发挥，而过度的焦虑会导致负责大脑的智能中枢－前额叶皮质（prefrontal cortex）——人类主管语言、逻辑、判断等高度智能活动的区域会因血液供应量减少，而无法正常运作。长期处于焦虑状态中，大脑分不清何者是真实的压力，何者是想象中的威胁，这将导致杏仁核经常性的警铃大作，压力荷尔蒙长期分泌，而伤害到海马回（hippocampal gyrus）和杏仁核的神经细胞。海马回的作用之一是将短期记忆转化成长期记忆，这解释了为何在情绪压力的影响下，人的记忆力会变差。总之，考试焦虑是一把双刃剑，适度的紧张有益于学习，有助于提高人们的注意力、记忆力和积极性，能够促进人们专注于自己的工作，更加努力地投入到学习当中，废寝忘食地复习备考，训练自己的技能等，进而提高考试成绩。但是，过度的考试焦虑不仅损害了人的认知操作和学业成绩，还会对他们的身心健康产生极为不利的影响。

二、考试焦虑的组成成分

不同的研究者对考试焦虑成分的观点差异较大，有的研究者认为考试焦虑是认知现象，有的则认为考试焦虑是情绪现象，还有的研究者认为考试焦虑是情绪现象与认知现象的结合体。在不同的观点基础上，各个学者提出了单成分、双成分和多成分等观点。

1952 年，Mandler 和 Sarason 提出考试焦虑是情绪现象的产物，如果脱离了情绪的驱动，考试焦虑不会对认知能力产生影响，则不会表现出认知干扰现象。Hembree（1998）也认为，情绪反应会诱发认知反应。Wine（1971）则认为考试焦虑不是情绪反应，而是认知反应，包括自我中心（self－centered）取向和任务中心（task－centered）取向。在任务完成过程中，高焦虑个体由于把注意力分配在与自我相关的变量上导致任务相关变量分配的能量较少或受限而不能顺利完成，而低焦虑个体则能够把注意力更多地放在任务变量上而能够顺利地完成任务。

Liebert 和 Morris 认为考试焦虑包括担忧和情绪性两种成分：一种为认知的因素，称为担忧，指在认知上对于个体考试表现的担忧，如考试的表现水平、失败的后果及负向的自我评价等认知性的情感体验；另一种为情绪生理因素，称为情绪性反应，则是指处于考试压力下所产生的生理反应，如焦躁、害怕、恐惧及身体不舒服等生理性反应。这两种因素交互作用，共同影响个体的考试焦虑。Liebert 和 Morris 通过进一步研究发现，担忧与高考试焦虑者对成绩的预测及成绩呈负相关，情绪性与高考试焦虑者对成绩的预测及成绩无关。

Friedman 和 Bendas–Jacob 把考试焦虑的情绪反应称作紧张，把考试焦虑的认知反应划分成社会贬低和认知障碍。社会贬低是考试焦虑认知反应的内容，是指个体担心在考试失利后，会受到亲人、朋友的贬低和轻视；认知障碍是考试焦虑认知反应的结果，是指认知反应会使个体在考试中不能专心思考问题。这样划分后，紧张、社会贬低和认知障碍就构成了考试焦虑的三种成分。Wren 和 Benson 则将考试焦虑的情绪反应划分为自主反应和分心行为，把考试焦虑的认知反应称为思维。自主反应、分心行为和思维构成了考试焦虑的三种成分。我国学者郑日昌和陈永胜（1999）认为考试焦虑包括三种基本成分：第一种成分为考试焦虑的认知成分，以担忧为特征的，由消极的自我评价或他人评价所形成的意识体验；第二种为生理成分，同自主神经系统活动增强相联系的特定情绪性反应，如呼吸加速，心率加快，胃肠不适，头痛失眠，多汗尿频等，生理反应方面，个体之间存在一定差异；第三种成分为行为表现，通过防御或逃避所表现出来的一定的行为方式，如在考场上惶恐不安，多余动作增加，或胡乱答完卷子，早早离开考场。考试焦虑是由上述三种基本成分交织而成的一种复杂的情绪反应。Lazarus 认为情绪是一种综合性的行为反应，每种情绪都包括生理、行为和认知三种成分，考试焦虑水平可通过考试焦虑量表来测评，按照焦虑程度来划分，一般可分为轻度、中度、重度三个水平。

除此之外，还有研究者提出了多成分观点，认为考试焦虑是一个复杂的多维度结构，它是由一组相互作用的成分和反应组成的。Lowe（2011）和一些研究者对一些特定群体的考试焦虑成分进行了调查和划分，他们认为小学生的考试焦虑包含四种成分：任务无关行为、过度生理唤醒、社会关注和担忧，而中学生的考试焦虑包含 5 种成分。其中，任务无关行为和过度生理唤醒是考试焦虑的情绪反应；认知干扰、社会关注和担忧是考试焦虑的认知反应。不难看出，考试焦虑多成分结构的背后还是情绪和认知这两大维度。

三、考试焦虑的理论

开展对考试焦虑的研究首先要了解考试焦虑理论。所谓考试焦虑理论，是指考试焦虑在考试情境下如何对个体产生影响所作的有系统的解释。通过对国内外研究者关于考试焦虑的产生与作用机制提出的理论架构归纳梳理出以下理论观点。

（一）交互作用加工模型

Spielberger & Vagg（1955）提出了交互作用加工模型（Transactional Process Model，TRM），强调考试情境、个性、情绪、认知及考试后果等因素之间的交互作用。他认为考试焦虑是个性和情境因素交互作用的结果，是情绪和认知评价动态交互作用的结果，即特质焦虑倾向和压力评价情境间的动态交互作用的结果。个性即特质焦虑倾向，高考试焦虑者倾向于将考试情境知觉为威胁的特质；情境因素包括考试内容、备考的充分程度、学习态度、学习技能和应试技能等。情境因素会影响个体对考试情境的评价。按照此理论，当学生面对考试时，由于个体和情境因素的影响，不同的个体会把考试情境评价为程度不同的威胁。如果高考试焦虑者将当前的考试情境评价为高威胁，就会产生情绪反应和担忧。情绪反应和担忧干扰个体的注意聚焦，影响考试成绩。

（二）认知-注意（干扰）模型

20世纪70年代，Wine提出了一个影响深远的考试焦虑理论，即认知-注意（干扰）模型（Cognitive-Attentional（Interference）Model）。这一模型是典型的认知能力缺陷模型，Wine认为认知缺陷影响了考试成绩。在测评的压力情境下，由于注意力难于集中容易受到干扰，个体认知结构特征、担忧、认知干扰以及自我贬损会在考试情境中对注意力产生影响，使得高、低考试焦虑个体在面对评价压力时的注意指向不同，所以影响了个体的认知能力而导致考试成绩的改变。在考试或评价情境中，低考试焦虑个体将注意指向和任务相关的信息，他们的认知反应会产生更多和任务相关的思维活动；而高考试焦虑个体通常会将自己的注意指向与任务无关的思维、担忧，包括担忧失败、怀疑自己的能力、认为别人的表现比自己好等偏向自我预想、自我贬低与自我怀疑的想法。当这些负面的想法出现时，会降低对试题的注意力、忽略重要的细节，而无法将平时储存在大脑中的知识应用出来。

（三） 技能 - 缺陷模型[①]

技能 - 缺陷理论（Skills - deficit theory）认为，缺乏学习技能和应试技能的个体在学习过程中不能恰当地提取和组织信息，因此考试成绩较差，他们在意识到这一点后，就变得焦虑。Arnkoff 和 Wright（1990）等认为考试焦虑是由不佳的学习习惯所引起的。高考试焦虑者的学习技巧普遍较差，无法运用有效的学习策略以帮助其积极回忆所学的知识，再加上处于高度紧张的考试情景中妨碍了对所学知识的搜索回忆，因而影响了他们的考试表现，考试成绩较差。因为个体的考试焦虑往往会影响其学业表现，因此对考试焦虑的预防与干预不仅希望能降低个体的考试焦虑情绪，更希望增强个体的学习能力、增进其学业表现。Lufi（2004）也认为考试焦虑之所以会引起较低的学习成绩，起因于学生学习技巧不佳而导致对考试无法做充足的准备，这样就形成了一个恶性循环（图 5 - 1）。

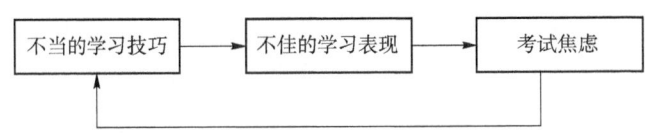

图 5 - 1　学习技巧与考试焦虑关系图

（四） 自我参照理论[②]

自我参照执行功能理论（self - referent executive function theory）认为，个性与情境的交互作用决定自我图式的形成，自我图式是考试焦虑产生的主要原因。该理论认为，外部或内部刺激被知觉为威胁性的认知或表象，并在长时记忆中形成自我图式。这些自我图式侵入个体的意识，导致个体产生自我参照加工，引发焦虑和担忧。对于高考试焦虑者，威胁性的认知或表象是指考试失败。这些侵入性思维激活了自我参照加工，促使个体寻求应对策略。为了选择合适的应对策略，个体会从长时记忆中提取自我图式。自我图式影响应对策略的选择。对于高考试焦虑者，提取的消极自我图式（如缺乏能力）会使他们选择不适当的应对策略，如关注自身缺点、自责、逃避等。消极的自我图式和不适当的应对策略导

[①] 王延伟. 大学生成就目标、学业自我效能感与考试焦虑的关系研究 [D]. 哈尔滨：哈尔滨师范大学，2013.

[②] 史战. 考试焦虑者工作记忆刷新功能的特征及矫治训练 [D]. 南京：东南大学，2016.

致个体产生沮丧和担忧,并使个性与情境的交互作用失调。个性与情境的交互作用失调又使高考试焦虑者的沮丧和担忧得以持续,最终使高考试焦虑者逃避学习,考试成绩变差。

四、考试焦虑测量

随着人们对考试焦虑研究的深入,考试焦虑测量工具也随之发展。常用的考试焦虑测量方法有生理测量法,行为评定法,自陈量表法。生理测量法考虑到焦虑与自主神经系统的反应一直被认为是有关联的,通过体温、血压、心率、肌电反应、脑波图形以及内分泌系统的测量探讨生理反应与焦虑之间的关系。行为评定法基于对考试焦虑者特定的行为表现的观察:一方面通过观察生理状态异常,如手心足掌流汗、四肢冰冷、发抖、肠胃不适、小便次数增加等进行判断;另一方面通过不当动作频繁,由于考试焦虑会给自身带来种种不舒服的感觉,从而使个体采取一些无意识的动作,进而消除这份紧张,如不停地搓手指、咬指甲、来回走动或者搬弄某些东西这些行为表现进行判断。与其他测量方法相比,自陈量表法比较客观,操作简单,作为考试焦虑最常用的测量工具被西方国家广泛运用于临床诊断,本书侧重学校教育过程中的考试焦虑的发现与调节,因而本章着重介绍学校应用便利的自陈量表法。

(一) 国外考试焦虑量表

1. 考试焦虑量表

考试焦虑量表(TAS)是由临床学家 Irwin G. Sarason 于 1978 年编写的,是目前国内外使用最广泛的考试焦虑量表之一,适用于广泛群体。该量表包括37题,题目涉及个体对于考试的态度及个体在考试期间的情绪和身体反应,被试者根据自己的实际情况对题目所描述的情况回答"是"或"否"。每一题得分在 $0 \sim 1$ 分。总分处于12分以下的属于考试焦虑低水平,分数在 $12 \sim 20$ 分属于中等程度的考试焦虑水平,总分达到 20 以上认为考试焦虑水平较高。中文版的编制是由王才康在2001年提出,且具有较好的信度和效度。

2. 考试焦虑量表

考试焦虑量表(Test Anxiety Inventory,TAI)是由 Spierlberger(1980)编制的。该量表的构成:指导语、使用说明、试题。测量的目的:在特定考试场景下被试者在三个阶段的情绪体验及个体差异。而这种特定的考试焦虑由"情绪化""忧虑"两个部分组成。该量表采用李克特式五点量表计分，让答题者根据自身实际情况来作答。

TAS 和 TAI 的大部分项目都是关于考试焦虑情绪反应和认知反应的内容，如"在重大考试前，我发现我很紧张"描述的是考试焦虑的情绪反应；"考试时，我发觉自己老想着我能否学成毕业"描述的是考试焦虑的认知反应。

3. Friedman–Bendas 考试焦虑量表

Friedman–Bendas 考试焦虑量表由三个维度构成：社会贬抑、认知阻滞和紧张焦虑，总共由 23 个项目组成，其中社会贬抑包含 8 个项目，认知阻滞包括 9 个项目，紧张焦虑则包含 6 个项目。采用 6 点计分，1 代表"与我一点也不相符"，6 代表"与我完全相符"。最终结果分数越高，代表焦虑水平越高。

（二）国内考试焦虑量表

由于我国考试焦虑研究起步较晚，所以国内学者自行编制的有关考试焦虑的问卷还很少见，国内对考试焦虑的测量多是引用国外已有的量表，或是在已有量表的基础上进行整合改编。

1. 田宝编制的考试焦虑问卷

国内学者田宝编制的考试焦虑问卷包括 28 个题目。问卷中的三个维度由生理唤醒、行为表现、认知反应组成。问卷采用的计分方法是李克特采用的五点评定法，问卷在信效度、项目区分度上都很高。

2. 考试焦虑诊断量表

郑日昌在众多国外考试焦虑量表基础上，结合我国国情，编制了既有本土化特色，又有适用性考试焦虑检查问卷，又名考试焦虑诊断量表（Test Anxiety Test，TAT）。该量表包括考试进行时的焦虑、伴随生理反应的焦虑、对考试的厌倦、考试的焦虑、对考试结果的担心和生气五个分量表，共有 33 个题目，考察被试者的考试焦虑来源，如担心未来前途、担心对考试的准备、担心他人对自己的评价等。该量表采用四级评分，焦虑程度由高到低分为：重度、中度、轻度、镇定。总得分 0~24 分为无焦虑，轻度焦虑是分数在 25~49 分，如果在 50~74 分之间则属于中度焦虑，重度焦虑是总分处于 75 分以上。

研究者对考试焦虑的测量多采用心理量表、问卷法等方式来测量被试者的心理状态,对生理方面的测量因为研究经费缺乏等原因导致数据较少,在未来的研究中如果将心理测量与生理测量结合应用将会得到更有说服力的数据支持,在研究过程中研究者应根据研究对象、研究内容的不同选择合适的测验工具。

五、考试焦虑的影响因素

考试焦虑的形成需要经历一个长期而复杂的过程,在这个过程中有许多因素会对它产生影响。有分析表明,焦虑不像恐惧、愤怒、悲伤等,是一种单一的情绪状态,而是综合性的情绪,考试焦虑表面上是与考试情境相连的一种情绪反应,其实考试只是一个诱因,主要源于消极的自我评价或他人评价,既受学习者的心理素质、身体状况及应考技能等内在因素的影响,也与家庭因素、学校环境和社会氛围等外部因素相联系。因此,了解考试焦虑形成的原因,才能帮助我们改变对待考试焦虑的态度,不再预支痛苦。

(一) 个人因素

1. 人格特质因素

当人们面对相同的压力情景时,往往会表现出不同的焦虑水平及应对策略,这种行为表现的差异在很大程度上受到了特质焦虑的影响。特质焦虑是指具有个体差异性及相对稳定性的焦虑倾向的人格特质。面对相同的应激情境时,不同特质焦虑水平的个体在认知表现和生理反应上存在差异。在具有相同成长经历的情况下,高特质焦虑(High Trait Anxiety,HTA)个体会对同一特定的情景表现出更高的焦虑水平,并且,当面对同种压力情景,如一项即将到来的考试任务时,认知重评策略可以缓解低特质焦虑(Low Trait Anxiety,LTA)个体的焦虑情绪,却无法缓解高特质焦虑个体的焦虑情绪。相比于低特质焦虑的个体,高特质焦虑的个体在应激时往往会表现出更多的异常行为、认知缺陷以及生理应激反应,进而使高特质焦虑个体更容易患上焦虑症、抑郁症等精神障碍。

2. 自身认知因素

在考试焦虑与学习倦怠之间的相互关系中,认知评价因素比自我经验因素起到的作用更大。由于个体对自己的认知评价不同,所以在面对考试时,产生心态的不同,而心态不同主要是由于他们的自我效能感不同以及对考试失败原因的归因不同。个体的学业自我效能感水平高,他们在学习上就更有信心,学习主动性较高，在遇到学习上的各种困难和问题时也能更加客观、主动地寻找方法去克服，而不是逃避问题和困难，这样他们在面对考试时就会更加自信，心态也更加积极。因此，这些大学生的考试焦虑程度就较低，反之那些学业自我效能感水平较低的大学生，他们在学习时信心不足，质疑自己的学习能力，放大在学习上遇到的困难和挫折。同时，又不主动寻找克服困难的方法，这样久而久之就会产生一种无能感，他们害怕考试，在面对考试时更是焦虑不安，考试焦虑程度较严重。有些考生在考前及考试过程中对自己学习效果评价不够准确客观，在考试成绩相同的时候，部分学生断定自己并不是因为在学习上没有付出时间和精力，而是认为自己在学习方面并没有天赋，认为自己不聪明不适合学习，所以才有即使每次都谨慎对待的考试但结果都不好。长此以往，在得到这样的成绩之后的想法经过强化，以至于每次都以失眠、担忧、注意力不能集中的状态面对考试。

3. 应对技巧因素

考生的应试技巧会影响复习状态、应试过程和考试结果，而因应试技能差导致考试表现不好是产生自我怀疑和焦虑情绪的诱因之一。刘朝霞的研究证明，在学生完成所定的学习目标的时候，学生对于自己的学习方法保持肯定的态度，越相信自己，考试焦虑程度越低。王惠惠等研究显示，应对方式中的不成熟（自责、幻想、退避）和混合的应对方式（合理化）会使中学生考试焦虑的程度增加，而成熟的应对方式（解决问题）会降低学生的考试焦虑程度。常若松研究发现，情绪指向应对是考试焦虑的有效预测源，当个体具有较高的考试焦虑水平时，为释放其心理压力，他们会倾向于采用情绪化的、消极的应对方式。Genc的研究显示高考试焦虑的学生主要采用以情感为主的应对策略，在考试前的测试中得分较低。这与丛潜等的研究相一致。边远山区农村初中生家庭教育缺失，自尊水平较低，更容易采取消极的应对方式。在一项针对留守与非留守儿童生活事件发生频次的比较当中，留守儿童担心考试失败或成绩不理想发生频度均较高。

4. 心理能量因素

目前，有关心理弹性、心理控制源与考试焦虑的研究也逐渐增多，丰富了考试焦虑的研究。在心理弹性中的五个维度都和考试焦虑存在着相关性，并且心理弹性对于考试焦虑的预测也起作用。在心理控制源的研究中，个性的许多因素都与控制源有一定的关系，控制源倾向内控的时候，学生的状态倾向于乐观，承受挫折能力也强，在拥有自尊感上更为强烈，由此控制源也会因此间接影响学习或者考试等行为。

(二) 家庭环境因素

1. 教育观念的影响

在中国，很多父母认为努力学习才是孩子唯一的出路，尤其农村的孩子，面对的机会类型单一，社会资源短缺，努力学习才可以改变命运。调查表明，追求成绩的学生更多关注考试所产生的评价性后果，他们看重成绩的好坏，把成绩看作是自己能力的证明，追求高的成绩，他们担心考试失败挫伤自己的自尊心以及由此带来的别人对自己的负性评价。因此，面对考试时紧张焦虑，考试焦虑程度较高。而那些追求掌握趋近型目标的大学生重视对知识的真正掌握和自身能力的提高，他们只是把考试看作是对自己学习的阶段性检测，不太重视由此带来的评价性后果，因此也就能从容地面对考试，考试焦虑程度较低。而父母普遍有一种补偿心理，期望通过子女来实现自己的理想，按照自己的期望设计孩子的未来，在学习上不断地给孩子施压。面对这种可能高于自身实际能力的期望，学生们害怕考试，更恐惧自己考出低分时家长的表情和姿态，一到考试时惶恐不安，紧张焦虑。

2. 父母教养方式的影响

家庭是学生情感依赖的中心，父母的教养方式会对中学生考试心理和行为产生影响。王惠惠等的研究发现，母亲过分干涉、拒绝否认、惩罚严厉和父亲拒绝否认、过分保护、惩罚严厉均对中学生考试焦虑产生不良的影响。对于学生考试焦虑，来自母亲的不良影响要比父亲的影响更大。陈晨通过对北京市城区的中学生调查发现，母亲在孩子成长过程中采用的教育方式较良好，文化程度相对高的家长，对子女的文化教育越关注，化解焦虑情绪的可能性也越大。父母采用民主、温暖的教养方式时，孩子更愿意和父母沟通交流，能够学会更好地面对挫折和处理问题，面对考试能够更好地积极应对。边远山区农村家庭教育的缺失，隔代和上代监护人的家庭教养方式存在不同程度的问题，如隔代监护人较多采取溺爱、迁就的方式，上代监护人较多采取不管不问的方式。留守儿童由于家庭教育的缺失，其心理受到较大的影响，情绪适应较差，面对考试等重大事件的应变能力不足。留守儿童因为其父母在外务工，其家庭教养方式出现两级化的特点，而隔代教养虽说在生活上能帮助孩子，但由于隔代监护人的文化程度普遍不高，加重了孩子心理问题的严重程度，导致其难以面对困难。

3. 其他家庭教育因素

父母收入高、所从事职业好、社会地位高，孩子的考试焦虑水平低；相反，父母收入低、所从事职业差、社会地位低，孩子的考试焦虑水平高。低收入家庭的父母对孩子的要求更严格，期望更高，希望孩子能通过努力学习来改变生活环境，这使得孩子承受了更大的压力，进而易导致考试焦虑。留守学生因为父母外出务工辛苦进而产生内疚感同样也会引发考试焦虑。经过访谈发现，有留守经历的初中生有一些共同的性格特点，如胆小、害怕，他们有问题不敢求助于老师和身边的同学；考前睡眠状况不好，进而产生一些发热、胸闷、出冷汗、手臂发抖等不良的生理反应，情绪则呈现出过分紧张、害怕，以至于无法集中注意力。这些行为表现反映出经历留守的初中生在面对考试时，倾向于做出更多的负性评价，而这些负性的评价又会产生不良的情绪和行为，影响初中生在应对考试情景时状态。

（三）学校环境因素

学校是学生接受教育的主要场所之一，学校环境因素对考试焦虑的诱发和维持有重要作用，学校的学业压力、能力分组、社会比较、竞争压力、评价取向和实践以及教师的特点和行为，教师与学生之间的关系等都和学生的考试焦虑有密切关系。不同的学校类型和氛围会影响学生的考试焦虑水平，高度竞争的学校环境会损害学生的能力感知、积极性和学习表现，学习成绩差的学生把自己看作是失败者，沉浸在成绩缺陷中而无法专注于学习。

1. 应试教育压力

在我国传统教育背景驱使下，许多学校为了追求高升学率，把学生和学校都束缚于应试教育的环境之中。教师课堂授课仍然采用"以教学为中心"的教学模式，教师将成绩看作是学生认真努力学习的标准，教师对学生的期望会影响学生的考试焦虑水平。教师往往偏爱学习好的学生，而学生也十分珍惜教师的这种"关爱"，总希望自己能考出好成绩以谢师恩，既为自己也为教师脸上添光，这种期待心态，无疑会给学生增添几分压力。而被低估的学生由于得不到教师的信任，考试焦虑水平也会增加，而且教师对学生要求过高或过于严厉批评学生，也容易使学生产生焦虑。同一个班级的学生，由于彼此之间存在着竞争，大家争先恐后，害怕别人超过自己，尤其是成绩好的同学竞争更是激烈，彼此间有一种对抗心理，相互暗暗努力，加班加点学习，疲惫加劳累，久而久之，就会产生无形的心理压力。

成绩不仅仅是衡量学生学习的标准，而且也是衡量教师的教学质量的重要依据，是评价教师教学质量的重要组成部分之一。教师之间互相比较，将学生考试成绩看作是竞争成败的标准。教师为了提高学生成绩，往往就要多上课，多布置作业。对于学生习成绩上不去的学生，教师常采取加大作业量的办法，让学生每天都有写不完的作业，给学生心理造成极大伤害和负担。有些学校为了提高学校整体升学率，将学生按成绩分成快慢班，导致差生不能享受优质教育资源，极大地伤害了学生的自尊。

2. 师生关系

有关研究结果表明，师生关系越紧张，考试焦虑程度越高。考试焦虑得分高的学生在与教师的交往中，可能表现出更多的困惑，不知道如何处理与教师的关系，如何把握与教师间的情感距离。师生冲突是学生在学校环境中产生焦虑的重要原因之一，可能会妨碍学生对学校环境的适应。师生关系紧张必然妨碍学生对校园生活的适应，减弱对该老师所教学科的兴趣，进而导致焦虑情绪的产生。老师通常是学生眼中知识的传授者，班级纪律的执行者，与学生在情感和地位上存在相当的距离，多数学生认为教师扮演的是"严父"角色，难以亲近，因此拉大了师生间的距离。多数教师都是采用法统力量和强制力量对学生施加影响，造成学生心中严厉、不苟言笑的老师形象，这使学生心理上缺乏安全感，由此引起焦虑情绪而影响学业成绩。

（四）社会环境因素

社会发展需要高精尖人才，而在社会舆论下学生易对考试产生抵抗情绪。社会环境是家庭教育和学校教育的整合。社会环境是人发展的外部条件，为个体的发展提供了多种可能，如机遇、条件等。"近朱者赤，近墨者黑""蓬生麻中，不扶自直"等俗语，都说明了社会环境对人的发展的影响。例如，如果片面追求升学率，就会使学生的学习和考试负担过重，这不仅跟学校的教育有关，也与整个社会已经形成的传统、期待和现实压力有关。正如林格尼所指出的"在现代生活中存在着许多使焦虑加重加剧的情况：强调竞争；提高自己社会地位的重要性；家庭分居；以及许多人普遍感到无力按照自己的理想和标准而生活……那些精神坚强的儿童还足以抵制充满焦虑的气氛的影响，但其他一些学生就经受不住了。"考试焦虑的背后隐藏着社会的焦虑。整个社会焦虑会造成一个什么现象？会把每位经历中考、高考的同学置于聚光灯之下。虽然说现在学生考不上大学也有其他的选择，可以去职业院校，各种技工学校。迄今为止，高考仍然是让一般家庭的子女改变命运的最佳方式。就此而言，学生压力普遍比较大。这对整个社会的价值取向，尤其是教育政策体制会影响到家庭的教育方式，影响到学生对考试的态度和认识评价。在社会升学、就业竞争压力极大的情况下，在"以考试论高低"的社会环境里，学生的考试焦虑越来越严重。

为了缓解学生的考试焦虑，家庭、学校、社会需要为孩子提供轻松的环境，让孩子发自内心地认可父母的言行，接受来自外界的助力，陪伴他完成学业，风雨兼程，迈向未来。

第二节 边远山区农村初中生考试焦虑状况的调查与分析

一、研究方法

（一）研究对象

以吉林省东南部边远山区的农村初中生为调查样本，根据学校的规模（班级数、学生数）按一定比例整群抽取七年级至九年级学生为调查对象，发放纸质问卷，回收问卷1 318份，将回收的问卷进行整理和筛选，其中有效问卷1 206份，有效率为91.5%。调查对象的具体情况为：男生522人，女生684人；七年级450人，八年级406人，九年级350人；班级干部232人，非班级干部974人；成绩较好者190人，成绩中等者746人，成绩较差者270人。

（二）研究工具

考试焦虑量表（TAS），是由美国华盛顿大学著名心理学家 Sarason 教授编制而成的，是国际上比较通用的考试焦虑量表，王才康于 1999 年引进并翻译了该量表。该量表共 37 个项目，涉及个体对于考试的态度及个体在考试前后的种种感受及身体反应等因素。该问卷为"是""否"作答题，各项目均为 0～1 分，被试者根据自己的实际情况回答"是"或"否"，"是"记 1 分，"否"记 0 分，共包括五个反向计分题。TAS 只统计总量表分，把所有 37 个项目的得分加起来即为总量表分。Newman 曾经给出一个考试焦虑水平的标准，0～11 分为低焦虑，12～20 分为中等焦虑，20 分以上为高焦虑。15 分或以上表明该被试者的确感受到了因要参加考试而带来的相当程度的不适感。在中国，学者也普遍认同这一标准。因此本研究也将参照 Newman 的划分标准，根据考试焦虑总分将考试焦虑进行划分。本次测验的克隆巴赫 α 系数为 0.824，分半信度为 0.761，表明本量表的信度指标良好。

（三）研究程序

以吉林省东南部山区初中学生为被试，通过相同的测量工具对不同年级的初中学生进行问卷调查。施测过程中要求被试认真阅读指导语，并按照指导语的要求仔细作答，作答后提交问卷。调查结束后，对问卷进行筛选整理，并剔除无效问卷。

（四）数据处理

运用 SPSS 21.0 软件进行数据处理，运用独立样本 t 检验、单因素方差分析等方法进行统计分析。

二、研究结果

（一）边远山区农村初中生考试焦虑的整体情况

为了解边远山区农村初中生考试焦虑的情况，采用了描述性统计的方法，考试焦虑的得分为（15.43±5.31）分。根据该量表的区分标准，即 0～11 分为低焦虑，12～20 分为中焦虑，21～37 分为高焦虑。对不同焦虑水平的学生进一步进行统计分析发现，38.4% 的学生为低焦虑，51.6% 的学生为中等焦虑，10% 的学生为高焦虑。

(二) 边远山区农村初中生考试焦虑在人口统计学变量上的差异

为了解边远山区农村初中生考试焦虑在性别、独生子女和班级干部上的差异，采用了独立样本 t 检验的方法；为了解边远山区农村初中生考试焦虑在年级和学业成绩上的差异，采用单因素方差分析的方法，见表5-1。

表5-1 考试焦虑在人口统计学变量上的差异

维　度	考试焦虑总分/分
男	15.57±6.17
女	17.08±6.36
t	-2.901**
p	0.003
七年级	17.08±6.35
八年级	15.91±6.26
九年级	16.20±6.29
F	1.965
p	0.142
班级干部	15.44±6.37
普通学生	16.65±6.39
t	-1.992*
p	0.047
成绩较好	14.35±5.32
成绩中等	16.74±6.45
成绩较差	17.06±6.31
F	6.369**
p	0.002

注："*"代表 $p<0.05$；"**"代表 $p<0.01$。

由表5-1可知，在性别变量上，边远山区农村初中生考试焦虑存在显著的差异，女生考试焦虑得分显著高于男生。

在年级上，边远山区农村初中生考试焦虑不存在显著差异。

在是否是班级干部变量上，边远山区农村初中生考试焦虑存在显著差异，在班级担任班干部的学生考试焦虑的得分均低于普通学生。

在成绩排名上，边远山区农村初中生考试焦虑存在显著差异。为进一步考察成绩排名上的差异，采用LSD事后检验分析，在考试焦虑得分上，成绩排名较好的学生的得分显著低于成绩排名中等及成绩排名较差的学生，成绩中等的学生和成绩较差的学生差异不显著。

三、考试焦虑的特点分析

（一）边远山区农村初中生考试焦虑整体情况的分析

由数据分析的结果得出，边远山区农村初中生的考试焦虑的程度为中等程度的焦虑，而且根据该量表的区分标准，我们统计了考试焦虑的不同组别的人数，中高焦虑组的学生占到总体学生的 61.6%。有的学生抱负水平很高（如要考上重点大学），而自己的实际能力又一般，那么他们在面临考试时是会产生过高焦虑的。这是因为他们心中没有把握，对于目标能否达到是有忧虑的。也有一些抱负水平很高的学生，由于过高估计自己，一旦在考试的过程中遇到挫折，如遇到一些自己不会做的试题，估计自己达不到预定的目标，于是就变得焦虑不安。当然，对于那些抱负水平低的学生来讲，他们一般只要求考试及格，当他们对考试及格感到有把握时，面临考试是绝对不会产生过高焦虑的，也不会产生忧虑和不安。他们在考试的过程中，若解题的情况比自己估计得要好，那么就会感到很满足。刘芳以山东省济南市某初级中学初一至初三年级的学生为被试者的调查结果表明，初中生中、高考试焦虑占比为 67.36%，由此可见，一半以上的边远山区农村初中生存在考试焦虑情况，比例和城市学生数相当。根据耶克斯－多德森定律，在安然过关与紧张到崩溃之间有一个微妙的焦虑平衡点，只要焦虑度没有超出这个平衡点，人们就能在焦虑的刺激下获得成功，而不是因压力过大而表现失常。这个适度的焦虑能够让人们保持戒备，使得他们得以同时应付多项任务，并对可能出现的问题随时保持高度的警惕。也就是说，生理唤醒强度与考试效果之间并不完全是正相关的，生理唤醒强度过弱或过强都会影响个人水平的发挥，只有中等强度的焦虑水平才是应试的最佳状态。因此，在考试中或者考试前的准备阶段保持适当的紧张感非常有必要，但过度焦虑却分散了学生的注意力。当学生处于正常的情况下时，他们的注意力指向考试题，能够在规定的考试时间内答完试卷上的题目；如果学生处于过度焦虑的情况时，学生的思想就会不受控制，他们越是想把注意力集中在答题上，大脑反而越会冒出一些与考试无关的情景，比如考试失利后家长批评自己的场面，自己埋怨自己的场面，这些状态与考试要求的高度集中的状态完全不符。此时，学生对试卷的注意几乎是断开的状态，不能按照平时的思维过程进行思考，使思维陷入呆滞状态，平时的比较、分析和综合的思维能力也不能发挥作用，本来清晰的知识链条变得混乱，本来可以轻松答对的题目，也无法正确作答。调查结果表明边远山区初中生虽然中高焦虑的人数占比例较高，但大部分学生为中等焦虑，可以对其进行心理辅导，化焦虑为动力，促进学习；仅10%的学生为高焦虑，这一部分学生需要从认知、行为、策略等方面对其进行考试焦虑干预，降低其考试焦虑。

（二）边远山区农村初中生考试焦虑在人口统计学变量上的分析

在性别变量上，边远山区农村初中生考试焦虑存在显著差异，女生考试焦虑得分高于男生。可能的原因是大部分女生较为感性，情绪的唤起水平更高，更善于感性思维，更容易产生考试焦虑，而大部分男生则情绪更稳定，更善于理性思维。因此，在面临考试的时候，一般女生比男生在情绪上的反应更大，焦虑情绪更多一些。其次，女生相对男生而言抗压能力较弱，当面对压力的同时，焦虑的自我调节能力不强，需要他人的帮助方可缓解，而男生则相对来说较能够进行自我调节。另外，女生在进行自我评估时更倾向于低估自己，也通常较男生表现出更严重的焦虑，特别是在理科上，男生在诸多学科都较女性表现出更高水平的自信。究其原因，相关临床研究表明，从性别生理差异而言，女性一般比男性表现出更高水平的焦虑特质，她们临床焦虑症的患病率也较高。除了生理方面的原因之外，有研究表明，在小学阶段，男女生的焦虑表现并没有显著性差异，焦虑的性别差异是在初中阶段才逐渐显现出来的。有研究认为，社会文化氛围中"性别刻板印象威胁"（gender stereotypes threat）是女生高年级焦虑的主要因素。长期以来，人们倾向于认为女生随着年龄的增长，精力逐渐衰退，而男生上了中学，特别是高中以后，成绩会突飞猛进，这种刻板印象不可避免地对女生的自我认知造成消极暗示，社会赋予男性更多"坚毅、高我价值、开放"的品质，因此在焦虑调整策略上优于女生。而且，还有研究认为，源于性别刻板印象威胁的消极影响，女性教师自身也常常表现出较男性教师更加强烈的焦虑情绪，而显露于女性教师面容和行为的消极状态则会对女性学生造成进一步的性别刻板印象威胁，由此也加深了女生的焦虑情绪。

在年级变量方面，边远山区农村初中生考试焦虑得分不存在显著的差异。考虑到可能是不同的被试者，不同的教育环境，学生的差异较大，进一步分析调查结果。与城市的学生相比，边远山区农村初中生各年级考试焦虑差异不大的原因可能是因为现在农村对教育的重视，学生不是到中考或者继续求学的关键点才产生考试焦虑，也可能是一直以来的家庭教育或者学校学习氛围使学生一直以来感受到这种学习的焦虑。

在是否班级干部变量上，边远山区农村初中生考试焦虑得分存在显著的差异，担任班干部的学生考试焦虑得分显著低于普通学生。可能是担任班级干部的学生虽然有学习压力，但一般能担任班级干部的同学心理素质较好，往往比一般同学有更高的思想觉悟，敢于同各种错误思想作斗争，具有一定的精神境界；做事情能够以身作则，处处以更高的标准要求自己，以自己的模范行为去取得全班同学的信任。在现实生活中，班级干部既有春风得意、踌躇满志的时候，也常常有工作不被同学理解支持和受到打击的时候，这就锻炼了班干部良好的心理素质，学会适时调节自我的心态，能够顺应事情的发展，可能体会更多积极的情绪。

在成绩排名上，边远山区农村初中生考试焦虑存在显著差异。成绩排名较好的学生的得分显著低于成绩排名中等及成绩排名较差的学生，成绩中等的学生和成绩较差的学生差异不显著。学习成绩好的学生由于成绩比较领先，在学习方面能够产生更多成功的体验，在学习能力方面，较普通学生更强，面对考试的压力相对来说也比较小。

第三节　边远山区农村初中生考试焦虑的应对策略及心理干预

影响考试焦虑产生的原因错综复杂，各种内外因素交互作用，当某种外因与一定的内因相结合，就会导致强烈的考试焦虑的产生，从而影响考生的心理和行为出现不适应性反应。我们必须认识考试焦虑产生的各种心理和生理机制，考试焦虑的调适需要从多角度切入，做到"认知改变和行为辅导相结合、应试心理辅导与应试技巧辅导相结合、团体辅导和个别辅导相结合"的原则，以便有效地指导边远山区农村初中生进行心理的疏导和控制，防止其强烈反应产生的不良后果。

一、边远山区农村初中生考试焦虑的应对策略

（一）个人自我调节

1. 形成正确认知，对考试成绩合理归因

初中生的认知焦虑包括担心自己如果考不好，会使别人对自己的评价不好，不能维护自己的形象；担心未来的学习，如果考不好，进入不了自己心目中的好高中，辜负自己一直以来的努力和辛勤付出；还有的就是因为考前的复习不够，纯粹就是担心自己在考试时有不会做的题。对导致焦虑的内在心理原因加以分析、研究，寻找背后不合理信念，针对认知偏差进行认知重建。首先，要认清焦虑是个正常状态，每个人都会有。临近中高考一两个月的时候，出现情绪上的兴奋、紧张乃至有些焦虑，都是很自然、很正常的，也很必要。因为大家都希望得到好成绩，其实绝大部分人的考试结果和他们平时的学习成绩是匹配的。当成绩考得不理想，尽量从主观上寻找原因，是上课没认真听还是作业没有认真完成，是没有及时复习，还是考试的时候有什么影响因素？找到真正的原因，然后再找出解决问题的办法，也就能品尝成功的喜悦。高考不是唯一的出路，过去有"千军万马过独木桥""考上清华北大就一步登天"等说法。现在来看，高考只是人生的一个经历，后面的道路还很长。人生需要的是不断地、不停地努力，不以一次或几次考试的得失成败论英雄。其次，学生要在正确理解父母"望子成龙，望女成凤"的迫切心情的基础上，正确看待教师"青出于蓝而胜于蓝"这一良好愿望的前提下，根据自身的切实情况做出合理的估计，做好充分的思想准备来应付可能出现的考试结果。初中生正处于生长发育的关键时期，是世界观、人生观、价值观的形成阶段，中学生在平时就应该确定准确的自我期望，要与自己的实际情况相符，这样在平时的学习生活中，学生就不会背负过重的压力，使自己可以在正常的环境中以放松的状态学习和生活。

2. 加强知识技能储备，提升心理素质

对于学生来讲，知识的积累和掌握要从平时做起，在较短的时间内，学生不可能学会相当量的知识，因而要避免"临阵磨枪"，否则容易引发考试焦虑。这就需要中学生依据自己的学习基础和自身实际情况，不断调整、改进自己的学习方法，找到一套切实可行的并且卓有成效的学习方法。考试之前做好充足的准

备。这不仅仅包括充足的考试知识点和考试方法的准备，还包括一些考试技巧、考试竞技状态的准备，同时包括应试技能、技巧的准备。只有有了良好的知识储备，学生才会对考试有把握，对考试才会有信心，减少紧张感，考试之前和考试时就不会出现惊慌。

3. 合理安排时间，劳逸结合

加强体育锻炼，合理的作息时间可以为边远山区农村初中生带来充足的能量：一方面，身体能够得到锻炼；另一方面，还会培养积极向上的情绪状态，从而逐渐克服过分焦躁和紧绷的心理状态。学生要明确考试只是检验阶段性学习成果，端正自己对考试乐观沉着的态度，保持积极正确的应试动机。同时，学生还要改变对成绩和未来之间关系的错误认知，掌握方法去逐步改变自己不合理的思维方式，从而逐步降低焦虑水平，更好地发挥自己应试能力和水平。临近考试，不要总去想结果怎样，活在当下，认真做好每一天该做的事。如果复习不完，能复习多少算多少，复习没有完美的时候，按照老师的指导要求做就可以。

（二）家庭方面

1. 家长改变教育观念

家长要对孩子的认知水平和学习能力有个清楚的认识和理解，对孩子的关注和关心要适度，不要过分地给孩子压力和紧迫感。对于孩子的分数，家长要怀有一颗平常心，如果孩子考得成绩不理想，家长要引导孩子正确面对，不要因为一味地要高分而摧毁了孩子学习的兴趣和自信心。在家庭生活中，家长要在平时平等而又积极地与孩子进行多方面的沟通，及时了解子女的想法及需求。

2. 家长学习正确的教养方式

无论父母采用什么类型的教养方式，只要能体现情感温暖理解的方式，那么子女产生焦虑、抑郁的情况就很少出现，能够很好地促进学生的适应行为的发展和学业成绩的提高。作为父母应该为子女创造一个相对宽松民主的氛围，与孩子建立良好的沟通。在与孩子沟通过程中，不仅要考虑孩子能够理解，而且最好采用孩子喜欢的沟通方式，父母在聊天的过程中把要教育的道理融进去；也可以讲故事，虽然是初中生，但是小故事大道理，故事更有趣，能够吸引注意力，通过讲故事，让孩子从故事中领悟道理；可以是在游戏过程中沟通，因为孩子处于比较兴奋的状态，比较容易接受父母的教育。考虑孩子的感受，注意孩子的信息反馈，不要自顾自地说，一定要注意孩子的反应，尤其是孩子的非语言反应。

（三）学校方面

1. 转变观念，做好学生心理疏导

想要缓解学生考试焦虑的现状，首要做的就是转变老师的观念。家长、孩子甚至教师和各级教育官员仅仅把眼睛盯在分数上，片面追求分数，则难免"谬之千里"。斐斯泰洛齐认为学习是为了促进人的发展尤其是人的能力的发展。他说："为人在世，可贵者在于发展，在于发展各人天赋的内在力量，使其经过锻炼，使人能尽其才，能在社会上达到应有的地位。"有的孩子分数高，有的孩子成绩暂时落后，都属正常现象，不值得大惊小怪。放眼自然界，各种植物高低错落，才形成了多姿多彩、美不胜收的景致。若都整齐划一，世界将多么单调、乏味。因此，要理性看待分数，做到既看重分数——毕竟分数是客观的检验标准之一；又看轻分数——学习的目的不是分数，而是思维训练和人的全面成长。当学生出现心理焦虑或者考试焦虑时，要对学生的考试观有一个正确的指导，帮其转变对考试的错误认识，多多尊重理解孩子。教师要给学生做好有关考试的心理辅导，缓解学生的焦虑的心理压力。同时教师也要发挥因材施教，积极关注那些性格内向的学生，给予学生正确的引导。必要时给予学生个体身心疏导，倡导科学又合理的教育方法，致力于为学生创造和谐健康的学习氛围。教师发挥好家校合作的力量，积极地寻求和家长沟通的机会，把握学生的近期思想动态和学习想法。

2. 注重平时，培养良好的人格和品质

教师可以多组织一些集体活动，例如班级活动或者学校的活动，让学生通过参加活动来克服人格中的一些缺点，培养良好的人格和品质。平时，教师和家长也要多鼓励学生去参加一些有挑战性的活动，积极组织各种竞赛活动，可以是演讲比赛或者文艺活动，通过展示自己锻炼心理素质、增强自信心，让学生在竞争中提高抗挫折能力，这对于纠正考试焦虑具有非常大的帮助。在组织这些活动的时候先让学生明确比赛总有胜负，竞争就会有输赢，但比赛输掉以后，对于学生既要积极引导帮助寻找失败的原因，鼓励学生下次再接再厉。

3. 搞好师生关系，让学生爱上学习

对于置身于考试情境的边远山区农村初中生来讲，他们处在特殊的环境和时间之中，此时，他们的心理活动是十分复杂的，并且有许多特殊之处。考试心理学的研究结果表明，在考试的过程中，有许多对学生进行正常的考试有影响的心理因素存在，其中既有学生自身的因素，也有一些外部的因素。作为经常要参加各种考试的学生，特别是要参加"中考"和"高考"的中学生，如果教师能够及时帮助他们了解自己在考试情境中的心理特征，那么对其做好考试的心理准备，获取好成绩是有所帮助的。"亲其师，信其道"，学生只有亲近、尊敬自己的老师，才会相信、学习老师所传授的知识和道理，才会将学习视为乐趣，重视学习过程，而不是只盯着学习的结果，体会痛苦。

二、考试焦虑的心理干预

目前对考试焦虑的干预和治疗主要从情绪、认知和技能三方面开展。情绪中心的治疗主要是用来缓解考试焦虑带来的消极情绪体验，又分为行为治疗、整合治疗和认知治疗三个方面，主要的方法有：生物反馈技术、认知行为改变、系统脱敏技术、放松训练、焦虑引导、焦虑管理训练技术、模仿训练等。认知中心的治疗是帮助个体应对担忧及无关任务思维，主要的方法有认知重构治疗、认知注意训练等。技能中心的治疗主要是提高个体的应试技巧和应试能力，以提高其考试成绩，方法主要是学习习惯和考试技巧方面的训练。不同的治疗技术和治疗方法之间没有严格的界限，彼此之间具有相通性。随着对考试焦虑研究的深入，研究者发现综合多种治疗方法的整合性干预模式相对于单一的治疗方法更有效。

（一）通过改变认知缓解考试焦虑

学生产生考试焦虑，除了自身的特质焦虑以外，认知对考试焦虑的影响很大，使学生对考试有正确的认识，建立合理的信念，对缓解考试焦虑效果明显。认知疗法强调识别和改变消极想法与错误信念，人们如何感觉和行动是由他们如何感知和建构自己的经验来决定的。如果要理解某一种具体的情绪体验或困扰的本质，就必须关注个体对该不良事件反应的想法、假设等。干预时首先需要来访者学会识别、观察和监督自己的想法与假设，尤其是那些消极的自动思维；然后干预者可以开始训练他们用现实来检验这些自动思维，并评估和修订他的自动思维及背后的中间与核心信念，帮助来访者认识到没有意识到的思维和信念体系的障碍性偏差，通过矫正这些认知偏差来达到情绪和行为的改变。认知行为疗法有多种形式，其根源都发于贝克认知疗法，但在治疗中的概念化和重点有所区别。例如，合理情绪疗法（Rational – Emotive Therapy，RET）的基本理论主要是 ABC 理论：A（Activating Events）是指诱发性事件；B（Beliefs）是指诱发事件发生之后，个体产生的信念，即其对诱发事件的看法、解释与评价；C（Consequences）是指特定情景下，个体的情绪及行为反应的结果。一般认为，人的情绪和行为反应 C 是直接由诱发性事件 A 引起的，即 A 引起了 C。但艾利斯的这一理论则指出，C 并非由 A 直接引起，A 只是引起情绪及行为反应的间接原因，个体对诱发性事件所持的信念 B 才是引起其情绪及行为反应的直接原因。也就是说，人们的情绪及行为反应与他们自身的信念有关。合理的信念会引起人们对事物适当的、适度的情绪反应；而不合理的信念则会导致不适当的情绪和行为反应。因此，要改变人们的不良情绪及行为，就要让人们意识到自身所持的不合理信念，通过对其劝导干预，引导其以合理信念代替不合理信念，从而产生积极的情绪及行为。合理情绪疗法治疗的四个阶段。

1）诊断阶段

在这一阶段，咨询师的主要任务是根据 ABC 理论对求助者的问题进行初步分析和诊断，通过与求助者交谈，找出他情绪困扰和行为不适的具体表现（C），以及与这些反应相对应的诱发性事件（A），并对两者之间的不合理信念（B）进行初步分析。

导致中学生考试焦虑的不合理信念具有以下三个特征：绝对化要求、过分概括化和糟糕至极[1]。

（1）绝对化要求。绝对化要求是指个体以自己的意愿为出发点，认为某一事物必定会发生或不会发生的信念。因此，当某些事物的发生与其对事物的绝对化要求相悖时，个体就会感到难以接受和适应，从而极易陷入情绪困扰之中。中学生在面临一场考试时或在考试过程中，常常有此类想法，如"我必须考好"

---

[1] 徐兆军. 合理情绪疗法在中学生考试焦虑中的应用 [J]. 中小学心理健康教育，2016（1）：41–45.

"我一定要把全部题目答完""这些题目我必须答对"。持有这类信念的学生极易陷入情绪困扰中,因为试卷的难易程度等因素是客观存在的,不以人的意志为转移。当考生在考试过程中,遇到难题无法顺利解答时,这与他的信念和要求相悖,他就会感到难以接受,难以适应,从而陷入紧张、焦虑情绪中。

(2)过分概括化。过分概括化是一种以偏概全的不合理思维方式,其典型特征是以某一件或某几件事来评价自身或他人的整体价值。具体到考试焦虑中,主要表现为学生对其自身不合理的评价。比如学生在考试过程中,遇到一道难题做不出来时,就认为自己复习得不好,无法顺利继续解答后面的试题,或者在期末考试中考完一场后,与其他人对答案,当其发现自己这一科目考得不好时,就认为自己一无是处,永远都不能获取优异成绩,有这种想法的学生会很快否定自己,但又想顺利完成考试,就会产生紧张、焦虑情绪,影响后面的发挥。这类学生希望自己的试卷能答得完美无缺,不能接受自己不会解题或者是某一科目的失败。

(3)糟糕至极。糟糕至极是一种把事物的可能后果想象、推论到非常可怕、非常糟糕,甚至是灾难性结果的非理性信念。这种信念将导致人们陷入焦虑、悲观等不良的情绪体验中。糟糕至极常常与绝对化要求相联系。如学生认为没考好是件非常严重的事情,这与其认为"必须考好"或"应该考好"有很大的联系。当学生考完后认为自己没考好,事情与其预想的不一样时,就无法接受现实情况,自认为事情糟到了极点,因此容易陷入焦虑、悲观等情绪中不能自拔。

以上三种特征常见于学生在感知和评价考试相关事件时的主观信念中,学生的考试焦虑正是他们的不合理信念引起的,而学生无法意识到自己的这些不恰当的信念。合理情绪疗法就是要帮助他们找出自身存在的不合理信念,帮助他们学会以合理的方法去看待考试,进而理性看待自己和周围的人与事物,从而缓解并消除焦虑情绪。

2)领悟阶段

这一阶段的主要任务是帮助求助者领悟合理情绪疗法的原理,使求助者真正理解并认识到以下几点。

(1)引起其情绪困扰的并不是外界发生的事件,而是他对事件的态度、看法、评价等认知内容,是信念引起了情绪及行为后果,而不是诱发事件本身。

（2）要改变情绪困扰不是致力于改变外界事件，而是应该改变认知，通过改变认知，进而改变情绪。只有改变了不合理信念，才能减轻或消除他们目前存在的各种症状。

（3）求助者可能认为情绪困扰的原因与自己无关，咨询师应该帮助求助者理解领悟，引起情绪困扰的认知恰恰是求助者自己的认知，情绪困扰的原因与求助者自己有关，因此他们应对自己的情绪和行为反应负责。

3）修通阶段

这一阶段的工作是合理情绪疗法中最主要的部分。咨询师的主要任务是运用多种技术，使求助者修正或放弃原有的非理性观念，并代之以合理的信念，从而使症状得以减轻或消除。

4）再教育阶段

咨询师在这一阶段的主要任务是巩固前几个阶段治疗所取得的效果，帮助求助者进一步摆脱原有的不合理信念及思维方式，使新的观念得以强化，从而使求助者在咨询结束之后仍能用学到的东西应对生活中遇到的问题，以期能更好地适应现实生活。

（二） 通过改善生理行为反应缓解考试焦虑

考试焦虑最明显的表现在于一些生理反应和异常行为，要把焦点集中在消除或纠正不良行为上，用放松训练、系统脱敏、模仿学习等方法来帮助学生改变行为。行为训练针对性强、易操作、见效快，能让当事人直接感受到焦虑程度的减轻，也有助于增强调整不合理认知的信心。

系统脱敏治疗考试焦虑涉及三个阶段。

第一阶段是构建考试焦虑刺激等级序列。其操作步骤包括：围绕考试焦虑，列出所有可能引起其产生的刺激条件；根据其可能诱发的焦虑水平，给各个刺激赋予等级编号；按照编号，从低焦虑刺激到高焦虑刺激，将所有项目排成一个梯状序列。例如"我大约是在临考前一周开始为考试做准备"为最低焦虑，然后列出焦虑逐渐升级"明天就要去考试了，可是今天晚上我觉得准备的还不够充分""我坐在考场里，看见其他应试者陆续来到，并等待发卷子""我收到了考卷，开始做题之前，我把卷子仔细地看了一遍。"

第二阶段是学习放松技术，主要是解决考试焦虑成分中情绪反映问题。放松训练是以一定的媒介（如暗示指导语）集中注意、调节呼吸，使肌肉得到充分放松，从而调节中枢神经系统兴奋性的方法，如可以采取深呼吸放松、肌肉放松、想象放松等多种方法。深呼吸放松主要包括鼻腔呼吸放松法、腹式呼吸放松法和控制呼吸放松法。肌肉放松法是通过教会人有意识地去感受主要肌肉群的紧张和放松，从而达到放松的目的，求助者需要体验紧张状态和放松状态之间的差异，这一点非常重要。想象放松法是请求助者找出一个曾经经历过的、给自己带来最愉悦的感觉，有着美好回忆的场景，可以是海边、草原、高山等，用自己的多个感觉通道（视觉、听觉、触觉、嗅觉、运动觉）去感觉、回忆，达到全身放松的效果，从而用放松代替紧张、焦虑。放松应选择一处安静适宜、光线柔和、气温适度的环境，然后让求助者坐在舒适的座椅上，让其随着音乐的起伏开始进行放松。经过这样反复长期的训练，使其能在日常生活中灵巧使用，任意放松程度。

　　第三阶段是建立放松与焦虑刺激的关联。由于相互抑制，放松和焦虑不可能在个人身上同时存在。为建立关联，结合第一阶段的焦虑情境，从低焦虑等级开始想象或面对焦虑刺激，当进入焦虑状态时，开始使用放松训练相对抗，逐步用放松代替焦虑。如果感到焦虑，个人需暂时放弃尝试，并通过放松活动获得平静，然后重试。当个人对刺激没有焦虑时，即可继续想象或面对序列中下一个更高的项目。通过这种方式，个人终将对所有项目失去敏感，包括序列中最高的焦虑刺激，完成系统脱敏。

参考文献

[1] 蔡敬. 培养完善的人——浅析斐斯泰洛齐教育思想 [J]. 理论学习, 2004（9）：36-37.

[2] 常若松, 郭双, 高远. 初高中衔接期学生考试焦虑状况及其应对建议 [J]. 教育科学, 2014（5）：76-79.

[3] 陈晨. 北京市城区中学生考试焦虑及影响因素分析 [J]. 中国学校卫生, 2010（11）：1323-1324.

[4] 陈顺森. 高中生行为类型、学业自我效能感与考试焦虑的关系 [J]. 中国健康心理学杂志, 2010（1）：70-73.

[5] 陈玉霞, 张绍华, 魏楚珊, 等. 指导性音乐想象缓解高三学生考试焦虑效果分析 [J]. 中国学校卫生, 2012（12）：1488-1489.

[6] 程灵. 考试焦虑辅导的原则与策略 [J]. 新教师, 2019（12）：15-17.

[7] 丛潜, 丛征途. 医学院校生考试焦虑与应对方式的相关研究 [J]. 中国卫生统计, 2012（3）：416-419.

[8] 邓红, 高晓明. 农村中学生学习心理及影响因素研究——来自甘肃省榆中县的调查分析 [J]. 现代中小学教育, 2009（1）：63-66.

[9] 丁露露, 郭建友. 特质焦虑的神经生物学因素及其对个体认知表现的影响 [J]. 中国临床药理学与治疗学, 2020（1）：101-106.

[10] 董军强, 陈建勇. 核心自我评价、应对方式对大学生考试焦虑的影响 [J]. 科技通报, 2013（1）：209-214.

[11] 董巍, 包飞. 生物反馈疗法干预考试焦虑的效果观察 [J]. 中国临床康复, 2005（32）：17-19.

[12] 董妍, 俞国良. 家庭特征和学业情绪：家庭教育资源的作用 [C] // 第十五届全国心理学学术会议论文摘要集. 北京：中国心理学会, 2012.

[13] 董妍, 俞国良. 青少年学业情绪问卷的编制及应用 [J]. 心理学报, 2007（5）：852-860.

[14] 段成荣,吕利丹,王宗萍. 城市化背景下农村留守儿童的家庭教育与学校教育[J]. 北京大学教育评论,2014(3):13-29.

[15] 封业琼. 积极情绪:地方院校大学生自主学习与学习氛围的主导整合机制——基于 RULER 教学方案的借鉴探析[J]. 轻工科技,2018(3):136-138.

[16] 冯冬怡,何金晶. 发展性心理辅导对高三年级学生考试焦虑影响分析[J]. 中国学校卫生,2009(1):28-29.

[17] 高亚兵,彭文波. 农村留守儿童家庭教育问题调查[J]. 中国心理卫生杂志,2008(4):257.

[18] 葛明贵,鲍奇. 考试焦虑与智力水平、人格类型的关系[J]. 中国心理卫生,1995(3):1-6.

[19] 郭炳豪,孙健. 8 周正念训练降低高中生考试焦虑的实验研究[J]. 南宁师范大学学报(自然科学版),2019(4):148-154.

[20] 郭兰婷,张志群. 中学生抑郁情绪与童年经历、家庭和学校因素分析[J]. 中国心理卫生杂志,2003,17(7):458-461.

[21] 郭龙健,申继亮. 学业情绪研究及对基础教育教学改革的意义[J]. 天津师范大学学报(社会科学版),2012(3):72-76.

[22] 郭筱琳,周寰,窦刚,等. 父母教育卷入与小学生学业成绩的关系——教育期望和学业自我效能感的共同调节作用[J]. 北京师范大学学报(社会科学版),2017(2):45-53.

[23] 何声清,綦春霞. 八年级学生数学焦虑及其对学业成绩的影响机制研究——基于 Z 省的大规模测试[J]. 教育研究与实验,2020(2):82-89.

[24] 黄旭. 学习策略的性质、结构与特点[J]. 华东师范大学学报(教育科学版),1990(4):85.

[25] 蒋京川,刘华山. 中学生成就目标定向与班级动机氛围、学习成绩的关系[J]. 西南大学学报(人文社会科学版),2006(4):78-81.

[26] 金清蔚. 农村初中留守儿童学习心理障碍与校本策略[C]//广西写作学会.2019 年广西写作学会教学研究专业委员会教师教育论坛资料

汇编（一）．南京：广西写作学会教学教育研究专业委员会，2019：239-242．

[27] 李炳煌．农村初中生学习动机、学习态度与学业成绩的相关研究[J]．湖南科技大学学报（社会科学版），2012（4）：146-149．

[28] 李晶，孟艳丽．英语专业大学生学习动机的实证研究[J]．黑龙江高教研究，2013（7）：181-184．

[29] 李寿欣，庄捷，李德亮．关于高中生与中师生考试焦虑的测验研究[J]．滨州教育学院学报．1999（3）：28-31．

[30] 李晓巍，刘艳．父教缺失下农村留守儿童的亲子依恋、师生关系与主观幸福感[J]．中国临床心理学杂志，2013（3）：493-496．

[31] 梁宇颂．大学生学业自我效能感与心理健康的相关性研究[J]．中国临床康复，2004（24）：4962-4963．

[32] 林红，刘国秋．关于大学生考试焦虑的团体心理辅导研究[J]．教育探索，2007（12）：115-116．

[33] 林钟敏．推荐一本美国心理学新书——《动机和情绪的归因理论》[J]．心理学动态，1988（4）：78-80．

[34] 刘春艳，周秀芳．接受式音乐疗法对缓解中学生考试焦虑的作用[J]．教育探索，2009（4）：119-120．

[35] 刘电芝，傅玉蓉．课堂教学中的学习策略指导[J]．西南师范大学学报（人文社会科学版），2003（6）：36-39．

[36] 刘电芝，黄希庭．学习策略研究概述[J]．教育研究，2002（2）：78-82．

[37] 刘电芝．智力开发时新途径：思维策略训练的崛起与发展[J]．西南师范大学学报（哲社版），1992（1）：52-55．

[38] 刘会兰，胡兴旺．团体辅导对中学生考试焦虑的干预[J]．中国特殊教育，2012（11）：90-96．

[39] 刘慧．论学业自我效能感的培养[J]．赣南师范学院学报，2003（4）：57-60．

[40] 刘加霞，辛涛，黄高庆，等．中学生学习动机、学习策略与学业成绩

的关系研究 [J]. 教育理论与实践, 2000 (9): 54-58.

[41] 刘杰, 孟会敏. 关于布郎芬布伦纳发展心理学生态系统理论 [J]. 中国健康心理学杂志, 2009 (2): 250-252.

[42] 刘晓慧, 李秋丽, 王晓娟, 等. 留守与非留守儿童生活事件与应对方式比较 [J]. 实用儿科临床杂志, 2011 (23): 1810-1812.

[43] 刘孝群, 耿德英. 大学生学习动机与学习成绩的相关 [J]. 西昌学院学报 (人文社会科学版), 2005 (2): 75-77.

[44] 陆桂芝, 任秀华. 教师领导方式对初中生学业情绪的影响研究 [J]. 教育理论与实践, 2010 (1): 41-43.

[45] 路海东, 刘晓明, 郭占基. 小学生学业自我效能感的培养与提高实验研究报告 [J]. 现代中小学教育, 1998 (2): 5.

[46] 罗杰, 谭闯, 戴晓阳. 农村留守儿童自我价值感与应对方式的相关分析 [J]. 中国临床心理学杂志, 2012 (1): 96-98.

[47] 骆北刚, 马艺文. 新疆哈萨克族初中生英语学习动机、学习策略与学业成绩的关系研究 [J]. 兰州教育学院学报, 2018 (9): 157-163.

[48] 马惠霞, 林琳, 苏世将. 不同教学方法激发与调节大学生学业情绪的教育实验 [J]. 心理发展与教育, 2010 (4): 384-389.

[49] 马惠霞. 大学生一般学业情绪问卷的编制 [J]. 中国临床心理学杂志, 2016 (6): 594-596.

[50] 马文华, 姜涛, 陈佳. 浅析中学生考试焦虑以及干预策略 [J]. 现代经济信息, 2019 (17): 431.

[51] 浦桂萍, 王坤, 廖芬, 等. 团体生物反馈治疗在考试焦虑中的运用 [J]. 实用医技杂志, 2015 (11): 1159-1160.

[52] 邵红红, 张璐, 冯喜珍. 滑县卢氏县留守初中生生活满意度及其影响因素分析 [J]. 中国学校卫生, 2016 (4): 609-611.

[53] 时蓉华. 班级集体主要干部的个性品质 [J]. 上海青少年研究, 1985 (12): 10-14.

[54] 史耀芳. 二十世纪国内外学习策略研究概述 [J]. 心理科学, 2001

（5）：586 - 590.

[55] 史耀芳. 浅论学习策略 [J]. 心理发展与教育，1991（3）：55 - 58 + 53.

[56] 苏俊鹏，耿艳萌，薛继婷，等. 团体辅导对医学生考试焦虑的研究 [J]. 牡丹江医学院学报，2009（5）：17 - 18.

[57] 覃雄，赵宣亮，杨晓波. 接受式音乐疗法对医学生考试焦虑的缓解作用 [J]. 广西医科大学学报，2012（5）：720 - 721.

[58] 覃章成. 当前农村初中生学习心理调查 [J]. 教育探索，2000（4）：38 - 40.

[59] 田宝，郭德俊. 不同类型考试焦虑影响考试成绩的差异模式 [J]. 心理发展与教育，2004（3）：75 - 80.

[60] 王才康. 中学生一般自我效能感的发展特点研究 [J]. 中国行为医学科学，2002（2）：2 - 4.

[61] 王国恩，吕勇. 中学生学习策略发展研究 [J]. 心理与行为研究，2007（3）：183 - 187.

[62] 王惠惠，徐洋，王瑜萍. 我国中学生考试焦虑影响因素的 Meta 分析 [J]. 中国学校卫生，2014（9）：1342 - 1345.

[63] 王敬群. 初三学生焦虑状况与父母教养方式关系的研究 [J]. 江西教育科研，2000（6）：30 - 32.

[64] 王天剑. 系统去敏对大学生考试焦虑的效果——基于团体干预的实验研究 [J]. 南阳理工学院学报，2019（6）：108 - 114.

[65] 王薇娜，李斌，王明宾. 重点中学高三学生考试焦虑与学习成绩关系的研究 [J]. 江苏教育学院学报（社会科学版），2001（2）：33 - 35.

[66] 王伟红，刘薇，邱向瑜. 生物反馈疗法干预医学生考试焦虑效果评价 [J]. 临床心身疾病杂志，2007（4）：345 - 346.

[67] 温义媛，曾建国. 留守经历大学生社会支持、应对方式与社会适应关系 [J]. 中国公共卫生，2012（5）：719 - 720.

[68] 谢敏玲. 营造情绪氛围对学习影响的探讨 [J]. 科技资讯，2019（36）：45 - 46.

[69] 谢念湘，佟玉英. 生物反馈疗法对大学生考试焦虑的治疗作用 [J].

心理科学, 2012 (4): 1009-1012.

[70] 辛长青. 高中生考试焦虑状况的调查 [J]. 中国校医, 2008 (3): 365-366.

[71] 徐先彩, 龚少英. 学业情绪及其影响因素 [J]. 心理科学进展, 2009 (1): 92-97.

[72] 许华山, 沐林林, 谢杏利. 留守儿童心理健康与应对方式、人格和自我效能感的关系 [J]. 卫生研究, 2015 (04): 559-564.

[73] 杨青, 易礼兰, 宋薇. 农村留守儿童孤独感与家庭亲密度、学校归属感的关系 [J]. 中国心理卫生杂志, 2016 (3): 197-201.

[74] 叶信治, 杨旭辉. 深层学习与支持深层学习的教学策略 [J]. 中国大学教学, 2008 (7): 26-28.

[75] 俞国良, 董妍. 学业情绪研究及其对学生发展的意义 [J]. 教育研究, 2005 (10): 39-43.

[76] 俞国良, 朱琳, 董妍. 青少年学业情绪：基于家庭微系统视角的探索 [J]. 湖州师范学院学报, 2014 (6): 1-7.

[77] 袁贵勇, 张美玲. 高中生考试焦虑的团体心理咨询实验研究 [J]. 新乡师范高等专科学校学报, 2006 (1): 45-47.

[78] 张爽, 范永强. 学生的学业情绪及其影响因素 [J]. 通化师范学院学报, 2012 (7): 58-59.

[79] 张文新. 初中学生自尊特点的初步研究 [J]. 心理科学, 1997 (6): 504-508+575.

[80] 张学杰, 杨秀柱, 李伟, 等. 贵州省义务教育阶段学生厌学问题调研报告 [J]. 贵州教育, 2019 (22): 3-9.

[81] 张燕, 唐根富, 沈国栋, 等. 寿县农村高三学生考试焦虑及影响因素分析 [J]. 中国学校卫生, 2010 (11): 1380-1381.

[82] 张勇, 宋建朝, 刘俊来, 等. 推进城乡教育公平, 奠定乡村振兴基础——农村教育事业优先发展调研报告 [J]. 农村. 农业. 农民 (B版), 2020 (3): 10-11.

[83] 周成, 周立君, 周立强. 论非认知因素与有效学习 [J]. 学周刊,

2019（8）：16-18.

[84] 朱焱，胡瑾，余应筠，等. 农村留守儿童心理健康与应对方式 [J]. 中国学校卫生，2014（11）：1657-1659.

[85] 戴斌荣，刘正萍. 千名农村重点高中学生学习心理的调查研究 [J]. 教育理论与实践，2004（4）：56-59.

[86] 崔亚萌. 认知神经科学视域下学习机制的初步研究 [D]. 郑州：河南大学，2017.

[87] 冯朝霞. 中学生学习方式的调查研究 [D]. 上海：华东师范大学，2015.

[88] 盖俊. 初中生学业情绪调查及团体心理辅导干预研究——以沈阳市某校初一学生为例 [D]. 沈阳：沈阳大学，2019.

[89] 郭燕燕. 中学生学业情绪特点及其干预训练研究 [D]. 长春：东北师范大学，2011.

[90] 胡春丽. 农村小学低年级学生数学学习习惯现状的调查与对策研究 [D]. 哈尔滨：哈尔滨师范大学，2019.

[91] 胡琬堃. 学习策略、材料复杂性和强化措施对学习效果的影响 [D]. 济南：山东师范大学，2018.

[92] 黄文峰. 学习动机与策略对学业成就影响 SEM 研究 [D]. 桂林：广西师范大学，2005.

[93] 李丁丁. 初中生学业情绪、班级社会心理环境与学业求助行为的关系研究 [D]. 沈阳：沈阳师范大学，2012.

[94] 李飞. 边远山区农村初中生心理健康问题：现状调查与应对机制研究 [D]. 长春：吉林大学，2017.

[95] 李琳. 考试焦虑的因子构成及与高中生英语听力成绩的关系 [D]. 曲阜：曲阜师范大学，2019.

[96] 刘朝霞. 初中生学业自我效能感、考试沉浸体验和考试焦虑的关系研究 [D]. 长沙：湖南师范大学，2015.

[97] 刘电芝. 小学儿童数学学习策略的发展与加工机制研究 [D]. 重庆：西南师范大学，2003.

[98] 刘芳. 初中生考试焦虑与学习倦怠的关系：情绪智力、应对方式的中介作用 [D]. 济南：济南大学，2019.

[99] 刘文雯. 小学生家庭、班级环境与学校适应关系研究 [D]. 武汉：华中师范大学，2014.

[100] 刘泽佳. 城乡一体化背景下农村小学生厌学问题的调查研究——以南昌市新建区为例 [D]. 赣州：赣南师范大学，2018.

[101] 刘志霞. 基于脑科学的深度学习研究 [D]. 重庆：西南大学，2019.

[102] 鲁朋举. 中学生学业成就目标特点及其与学业情绪的关系 [D]. 重庆：西南大学，2010.

[103] 陆薇薇. 初三学生数学学习策略与数学学习成绩的相关性研究 [D]. 扬州：扬州大学，2018.

[104] 吕京京. 初中生学业情绪现状及干预研究 [D]. 苏州：苏州大学，2013.

[105] 马侨阳. 小学中高年级学生个体知觉到的学校心理环境、学业情绪与学业成绩的关系研究 [D]. 石家庄：河北师范大学，2017.

[106] 孟祥寒. 正念训练和放松训练对中学生考试焦虑的干预研究 [D]. 天津：天津师范大学，2013.

[107] 潘有文. 886 名 4—6 年级小学生学习心理健康现状的调查研究 [D]. 合肥：安徽师范大学，2007.

[108] 宋春艳. 亲子关系、感戴与初中生学业情绪的关系研究 [D]. 牡丹江：牡丹江师范学院，2019.

[109] 孙士梅. 青少年学业情绪发展特点及其与自我调节学习的关系 [D]. 济南：山东师范大学，2006.

[110] 田宝. 高中生考试焦虑影响考试成绩的模式和对策研究 [D]. 北京：首都师范大学，2001.

[111] 田媛. 初中生考试焦虑现状及正念干预研究 [D]. 重庆：重庆师范大学，2019.

[112] 汪杨皓. 高考复读生学习策略与考试焦虑调查及干预研究 [D]. 昆明：云南师范大学，2019.

[113] 王庆玲. 农村小学班级环境、学业情绪与学习投入的关系研究 [D]. 济南：山东师范大学，2019.

[114] 王晓霞. 高三学生考试焦虑影响因素调查及其干预研究 [D]. 太原：山西大学，2006.

[115] 王延伟. 大学生成就目标、学业自我效能感与考试焦虑的关系研究 [D]. 哈尔滨：哈尔滨工程大学，2013.

[116] 吴俊. 农村中学生的自尊、学业自尊与自我妨碍、习得性无力感关系研究 [D]. 武汉：华中科技大学，2007.

[117] 向红洁. 高中生学业自我效能感、心理弹性与考试焦虑的关系研究 [D]. 长沙：湖南师范大学，2013.

[118] 杨立超. 高中生考试焦虑与时间管理倾向、自我效能感的关系 [D]. 长春：东北师范大学，2010.

[119] 曾超. 初中生学习动机现状的调查分析——以咸水沽第三中学和咸水沽第五中学为例 [D]. 天津：天津师范大学，2019.

[120] 张鼎. 经历留守初中生考试焦虑的症状、影响因素及干预研究 [D]. 信阳：信阳师范学院，2017.

[121] 张爽. 高一学生数学学习兴趣、成就目标定向、学习策略与学业成绩的关系研究 [D]. 长春：东北师范大学，2006.

[122] 赵淑媛. 基于控制价值理论的大学生学业情绪研究 [D]. 长沙：中南大学，2013.

[123] 陈琦，刘儒德. 当代教育心理学 [M]. 3 版. 北京：北京师范大学出版社，2019.

[124] 董妍. 学业情绪与发展——从学业情境到学习兴趣的培养 [M]. 合肥：安徽教育出版社，2012.

[125] 高鑫. 考试焦虑的认知解读 [M]. 北京：科学出版社，2018.

[126] 韩仁生. 教育心理学 [M]. 济南：山东人民出版社，2013.

[127] 胡志金. 信息时代的终身学习策略 [M]. 北京：国家开放大学出版社，2015.

[128] 蒯超英. 学习策略 [M]. 武汉：湖北教育出版社，1999.

[129] 李三福,谭千保. 农村中小学教师胜任特质与学生学习质量的实证研究 [M]. 北京：教育科学出版社,2017.

[130] 梁昆. 社会资本、抗逆力与农村留守儿童的发展状况研究 [M]. 上海：华东理工大学出版社,2019.

[131] 刘电芝,田良臣. 高效率学习策略指南 [M]. 北京：科学出版社,2011.

[132] 刘电芝. 学习策略研究 [M]. 北京：人民教育出版社,2001.

[133] 马惠霞. 大学生学业情绪研究 [M]. 北京：北京师范大学出版社,2011.

[134] 桑青松. 学习心理研究 [M]. 合肥：安徽人民出版社,2010.

[135] 上官郑粉,林甲针,等. 中学生学习心理团体辅导 [M]. 福州：福建教育出版社,2017.

[136] 申继亮. 中国中小学生学习与心理发展状况报告 [M]. 北京：北京师范大学出版社,2008.

[137] 孙亚玲. 青少年智力因素开发与非智力因素培养 [M]. 北京：科学出版社,2017.

[138] 王振宏. 中小学生厌学心理形成的原因及其克服策略 [M]. 西安：陕西师范大学出版社,2015.

[139] 熊俊梅. 中学生的学业情绪与心理健康 [M]. 广州：世界图书出版广东有限公司,2012.

[140] 徐锦生. 寻找教育的新支点：非智力因素理论影响下的教育实践 [M]. 北京：人民出版社,2010.

[141] 徐延宇. 云南省中小学生学习动机的调查研究 [M]. 昆明：云南大学出版社,2018.

[142] 阎加民,高胜云. 青少年学生考试焦虑的应对 [M]. 济南：山东人民出版社,2016.

[143] 燕国材. 非智力因素与学习 [M]. 上海：上海教育出版社,2006.

[144] 易晓明. 中学生学习心理与心理健康指导 [M]. 重庆：西南交通大学出版社,2015.

[145] 张莉. 我国农村贫困地区儿童入学准备与学业发展追踪研究 [M]. 上海：华东师范大学出版社，2019.

[146] 张向葵，关文信. 学习策略的理论与操作 [M]. 长春：吉林大学出版社，1999.

[147] 赵俊超. 中国留守儿童调查 [M]. 北京：人民出版社，2012.

[148] 郑日昌，陈永胜. 考试焦虑的诊断与治疗 [M]. 哈尔滨：黑龙江科学技术出版社，1990.

[149] [美] 朱迪·贝克. 认知治疗基础与应用 [M]. 2版. 张怡，孙凌，王辰怡，等译. 北京：中国轻工业出版社，2013.

[150] 朱智贤. 心理学大词典 [M]. 北京：北京师范大学出版社，1989.

[151] 邹泓，等. 发展心理学：儿童与青少年 [M]. 北京：中国轻工业出版社，2009.

[152] Aihie ON, Igbineweka MN. Efficacy of solution focused brief therapy, systematic desensitization and rational emotive behavioural therapy in reducing the test anxiety status of undergraduates in a Nigerian University [J]. Educ Soc Res, 2018, 8 (1)：19 – 26.

[153] Bandura, A., &Schunk, D. H. Cultivating competence, self – efficacy, and intrinsic interest through proximal self – motivation [J]. J Pers Soc Psychol, 2011 (6)：41 – 52.

[154] Bandura, A. Self – efficacy：toward a unifying theory of behavioral change [J]. Psychol Revi, 1977 (2)：84 – 91.

[155] Beato A, Pereira A. I, Barros L, et al. The Relationship Between Different Parenting Typologies in Fathers and Mothers and Children's Anxiety [J]. J Child Fam Stud, 2016, 25 (5)：1691 – 1701.

[156] Beilock S L, Gunderson E A, Ramirez G, et al. Female teachers' math anxiety affects girls' math achievement [J]. Proc Nat Acad of Sc USA, 2010 (1)：107 – 117.

[157] Bieg M, Goetz T, Wolter I, et al. Gender stereotype endorsement differentially predicts girls'and boys'trait – state discrepancy in math anxiety

[J]. Front Psychol, 2015 (6): 544-554.

[158] Else-Quest N, Hyde J S, Linn M. Cross-nationalpatterns of gender differences in mathematics: a meta-analysis [J]. Psychol Bull, 2010 (136): 1233-1246.

[159] Embse N V D, Barterian J, Segool N. Test Anxiety Interventions for Children and Adolescents: A Systematic Review of Treatment Studies from 2000-2010 [J]. Psychol Sch, 2013 (1): 57-71.

[160] Genc A. Coping strategies as mediators in the relationship between test anxiety and academic achievement [J]. Psihologija, 2016 (2): 45-50.

[161] Goetz T, Bieg M, Lüdtke O, et al. Do girls really experience more anxiety in mathematics [J]. Psychol Sc, 2013 (24): 23-32.

[162] Goetz T, Pekrun R, Hall N, et al. Academic emotions from a social-cognitive perspective: Antecedents and domain specificity of students' affect in the context of Latin instruction [J]. Br J Educ Psychol, 2006, 76 (2): 289-308.

[163] Goldenberg M A, Floyd A H L, Moyer A. No Effect of a Brief Music Intervention on Test Anxiety and Exam Scores in College Undergraduates [J]. JASNH, 2013 (1): 756-760.

[164] Jakobsson N, Levin M, Kotsadam A. Gender and overconfidence: effects of context, gender stereotypes and peer group [J]. Adv Appl Sociol, 2013 (3): 110-123.

[165] McLean C P, Asnaani A, Litz B T, et al. Genderdifferences in anxiety disorders: prevalence, course of illness, comorbidity and burden of illness [J]. J Psychiatr Res, 2011 (45): 93-101.

[166] Muris P., Schmid t. H. Lambrichs R, Meesters C. Proteetive and Vulnerability factors of depression in normal adolescents [J]. Behav Res Ther, 2001, 39 (5): 555-565.

[167] Nielsen SL, Ellis A. A discussion with albert ellis: reason, emotion and religion [J]. J Psychol Christianity. 1994 (3): 1346-1356.

[168] Otta F E, Ogazie C A. Effects of systematic desensitization and study behaviour techniques on the reduction of test phobia among in‐school adolescents in Abia State [J]. World, 2014, 1 (3): 1-7.

[169] Romano, John L. , Cabianca, William A. EMG biofeedback training versus systematic desensitization or test anxiety reduction [J]. J Couns Psychol, 2015 (1): 8-13.

[170] Sarason I. G. Sarason, B. R. , & Pierce, G. R. Anxiety and the passage of time [J]. J Consult Clin Psychol, 1990 (1): 15-21.

[171] Sarason, I. G, Sarason, b. R, & Price, G. R, Anxiety and the Passage of time [J]. J Consul Psychol. 1990 (1): 102-109.

[172] Sharma M. Secondary School Students – Systematic Desen – sitisation Technique onTest Anxiety [J]. Int J Innovative Stud Sociol Humanit, 2018, 3 (3): 27-34.

[173] Turner, J E Schallert DL. Expectancy – value relationships of shame reactions and shame resiliency [J]. J Educ psychol, 2001 (93): 320-329.